해외 창업 취업에 도전하는
한국의 청년들이 묻고
베트남 베테랑 선배가 답하다

쌀국수
한그릇
하러
갈까요?

양난희 · 박민규

박영story

추천사

세상의 변화는 나에게 무슨 의미일까?

그 의미를 찾는 것은 새로운 인생을 찾아가는 것과 같을 것입니다.

막연하지만 먼저 몸으로 느끼고 체득하고 자기의 길을 걸어가며 남다른 세상을 만난 것을 책으로 만났습니다. 저자와 10여 년 전에 베트남이라는 곳을 통해 만났을 때의 눈빛을 기억합니다. 막연하지만 호기심으로 접하며 베트남을 읽어왔다는 것이 놀랍습니다. 남들은 무슨 의미인지도 모를 시기에 우리 글로벌청년사업가(GYBM)양성과정에 참여하며 글로벌 시장에 큰 걸음을 떼었던 생각들을 차분히 풀어낸 이 책이 반갑습니다.

베트남을 향하는 한국 청년들에게 나침반이 되기를 바랍니다. 큰 별이 여러분을 기다리고 있으며 내 마음에서는 다양한 별똥별이 될 것입니다. 여러분에게는 행운일 것입니다.

대우세계경영연구회 상근부회장

박 창 욱

머리말

대한민국 청년으로 살아간다는 것.

명절마다 친척들의 걱정을 가장한 잔소리를 들으며 스스로의 노력을 비관하며 한없이 작아지는 그런 것.

요즘 청년들은 노력하지 않는다는 장년층의 가시돋힌 핀잔.

정말 청년들이 문제일까요?

◆ 전체 실업률과 청년실업률의 비교 그래프

최근 50년간의 대한민국의 경제발전을 가장 잘 나타내는 단어가 있습니다. [고도압축성장]

1970년대 경공업으로 시작한 경제발전은 세계의 정세와 맞물려서 발전해왔습니다. 1980년대에 들어서면서 경공업에서 중화학공업 위주의 산업구조로 이어지면서 주춤거리던 경제성장의 과도기를 넘어섭니다. 그렇게 10여 년을 중화학공업 및 건설업을 통한 경제발전을 이룩해옵니다.

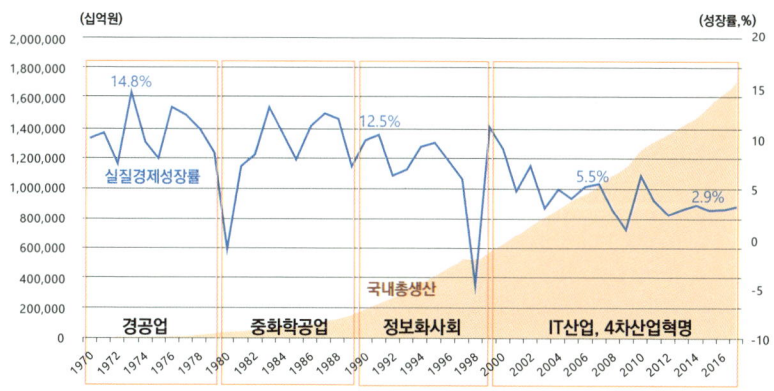

◆ 대한민국 국내총생산과 실질경제성장률

정보화시대와 맞물리면서 대한민국의 경제는 1990년대 말까지 성장세를 유지하는 듯합니다.

그러나 1997년 IMF 시대를 맞이하면서 경제는 오히려 쇠퇴하는 시기를 맞이합니다.

1998년 김대중 대통령은 취임한 직후 일본 소프트뱅크의 손정의 (일본명 손마사요시) 회장을 초빙합니다. 그리고 그의 자문을 적극 수용하여 대통령령으로 한국은 전세계 최초로 인터넷 인프라 구축을 범국가적 사업으로 착수하게 됩니다.

인터넷 인프라 구축과 함께 대한민국은 다시 IT산업과 4차산업혁명에 돌입합니다.

2000년대 초반 닷컴버블이 꺼지면서 경제적인 위축도 생겼지만, 결과적으로 대한민국은 전세계에서 유례를 찾아볼 수 없는 인터넷 인프라 강국이 됩니다.

2023년을 맞이한 현재,
대한민국의 경제는 위기를 맞이할 준비를 하고 있습니다.
4차산업혁명의 성장의 끝에 다다른 지금, 여전히 대한민국은 청년들이 일할 곳이 부족합니다.

정말 청년들이 노력하지 않아서 일까요?

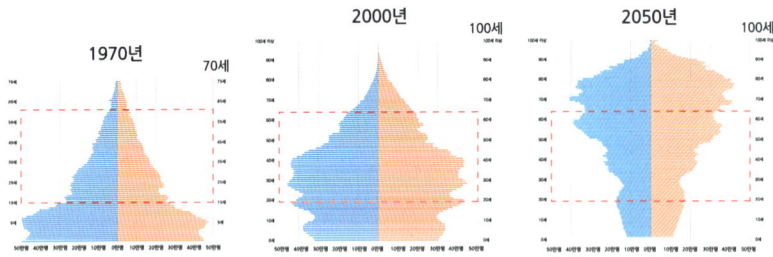

◆ 대한민국 인구 피라미드

요즘 청년들은 주머니 사정이 넉넉하지 않기 때문에 결혼, 출산을 포기한다고 합니다.
반면에 의료기술은 발달해서 수명은 증가합니다.
출생의 감소와 수명의 증가로 대한민국의 세대별 인구 분포는

1970년의 안정적인 피라미드형에서 점진적으로 역피라미드를 향해 갑니다. 1970년대부터 이어진 피라미드형 인구 분포는 현재 노동가능한 인구수의 정점을 찍습니다.

즉, 부양할 가족수가 적은 데 비해 노동할 인구가 많으니 1인당 부담해야 할 부양비는 매우 적습니다.

그러나 40년 후 우리는 어떤 미래와 만나게 될까요?

지금의 노동가능한 인구는 40년 후 부양받을 인구로 포함됩니다.

그리고 출생률은 매년 최저치를 갱신합니다.

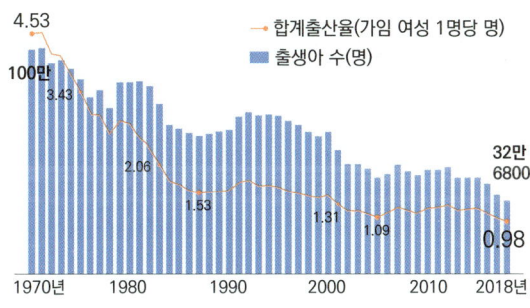

◆ 대한민국 출생률 연도별 그래프

전문가들은 2060년쯤에는 1인당 노년층 부양비가 100%를 넘어설 것으로 봅니다. 즉, 노동자가 100을 벌었는데 100을 세금으로 거두어야만 사회가 유지된다는 말이 됩니다.

이것은 무엇을 의미할까요?

앞으로 대한민국은 정말 뛰어난 미래의 인재들이 국내 인프라와 해외의 네트워크를 활용해서 외화를 지속적으로 벌어오는 구조를 갖추거나, 연령별 인구분포의 모습이 완벽한 피라미드 구조인 국가로 진출해서 해당 국가의 성장을 견인하고 국내로 다양한 산업을 연계하는 역할을 해야 한다는 것을 의미합니다.

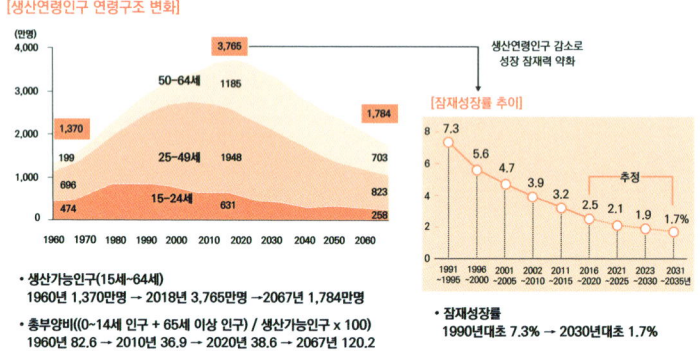

◆ 생산연령인구 연령구조 변화 그래프

동남아시아나 아프리카의 많은 국가들은 여전히 한국의 1970년대와 비슷한 구조와 모습을 가지고 있습니다. 고도압축성장을 겪은 한국은 이 국가들에게 그들의 성장 비전을 제시할 수 있습니다.

실제로 이미 많은 기업들이 동남아시아 국가들로 진출해 있습니다.

그중에 베트남이라는 나라에 대해 조금 더 다루어보고자 합니다.

베트남은 동남아시아 국가들 중에서도 많은 글로벌 기업들이 진출해 있습니다.

이 사실은 청년들에게 아주 중요한 기회를 제공할 것입니다.

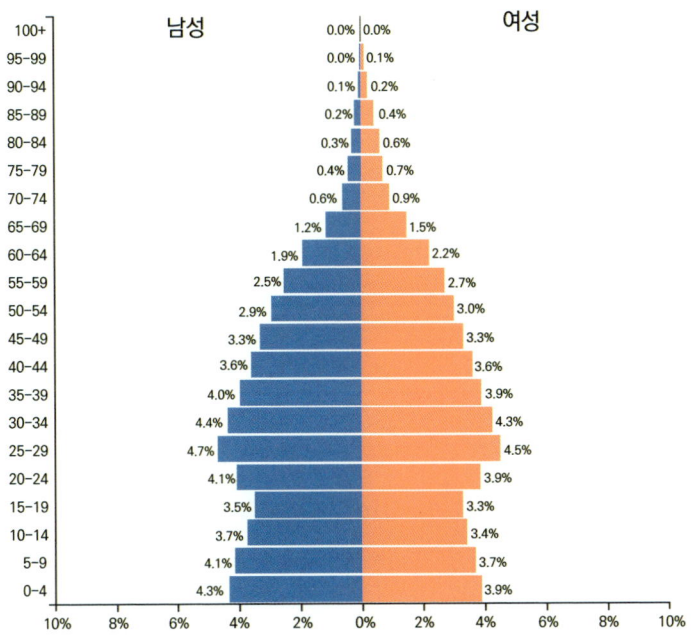

◆ 2018년도 베트남 인구피라미드

　국내에서 경험하는 동일한 노력으로도 베트남에서는 더욱 가치있는 일들을 만들어낼 수 있습니다. 이미 진출한 기업에서 다양한 신규사업을 추진할 수도 있으며, 건설, 인프라구축 등의 선진기술의 접목도 가능합니다.

　미래에는 더 이상 직업이 최우선되지 않습니다. 직업보다 자신이 갖춘 능력에 따라 다른 세상을 살게 될 것입니다. 전문가들은 가까운 미래에 전체 직업의 70% 이상을 인공지능과 로봇이 대체할 것으로 예측합니다.

◆ AI의 직종별 직무능력 대체율

업종	2016년	2020년	2025년
전체	12.5%	41.3%	70.6%
관리자	7.1%	22.7%	49.2%
전문가 및 관련 종사자	7.8%	29.9%	56.3%
사무직	10.2%	32.2%	61.3%
서비스직	13.7%	45.2%	75.9%
판매직	11.9%	39.4%	74.2%
단순 노무직	25.9%	63.8%	90.1%

<한국고용정보원, 2017>

앞으로는 학벌보다 자신의 재능을 발견해서 살리는 사람이 성공하는 시대가 옵니다. 가만히 기다리는 자에게 미래가 다가오지 않습니다. 먼저 두드리고 먼저 부딪힌 사람이 원하던 미래를 맞이하게 됩니다.

이미 포화상태가 된 국내에서 벗어나서 자신의 재능을 발견하고 잘 활용해서 미래를 주도하는 인재가 될 수 있다면, 조금은 더 나은 그리고 재미있는 삶을 살아갈 수 있지 않을까요?

이 책은 묻고 답하는 형식으로 구성하였습니다. 여러분과 같은 꿈을 품은 청년 저자가 묻고, 20대 초반에 여러분들과 같은 고민을 품고 베트남에 진출해 풍부한 경험을 쌓은 저자가 대답하는 것입니다. 베트남 취업과 창업, 생활에 대한 여러 가지 질문과 대답을 함께 읽다 보면 독자 여러분의 꿈이 점점 현실화되고 활짝 펼쳐질 수 있을 것입니다. 그럼 저희와 함께, 베트남으로 쌀국수 한그릇 하러 가보실까요?

Contents

01 역사를 통해 바라본 베트남의 현재 13
1 - 베트남의 과거 16
2 - 베트남의 식문화 24
3 - 베트남의 스타벅스와 맥도날드 27
4 - 공휴일로 알아보는 베트남 32

02 베트남으로 사업을 확장할 수 있을까? 41
1 - 사업을 확장하려면 하노이가 좋은가요? 호치민이 좋은가요? 43
2 - 베트남 부동산이 핫하던데,
    외국인이 부동산을 소유할 수 있나요? 49
3 - 베트남에서 회사를 만들려면 반드시
    베트남사람이 필요하다고 하던데, 그게 맞나요? 55
4 - 베트남에서 사업을 확장하는 것이 바람직할까요?
    : 신구가 공존하는 베트남 시장 59
5 - 베트남 직원들 어때요? : 성향, 직업군 / 연봉 및 복지 66

03 재직중인 회사가 베트남으로 사업을 확장합니다 69
1 - 우리 회사에서 베트남 장기파견을 권유하는데,
    거기 살아보니 어때? 살만하니? 71
2 - 베트남 비자를 어떻게 받아야 할까요? 76
3 - 베트남에 한국 사람 많이 살아? 제대로 된 병원은 있어? 83

4 - 남편이 베트남으로 주재발령을 받아서 급하게 가야 하는데, 뭘 사가
　　　　야 할지 모르겠어. 거기 필수품은 다 파니?　　　　　　　87
　　5 - 처음에 가서 어디에 살아야 하지? : 숙소 구하기　　　　90
　　6 - 베트남 물가가 어때?　　　　　　　　　　　　　　　93

04 얼어붙은 한국의 취업시장을 벗어나 베트남으로 취업을!　97
　　1 - 한국에서 취업에 어려움을 겪고 있어요. 베트남 취업시장은 어떤가요?
　　　　: 베트남 내 한인의 직업군 / 연봉 및 복지　　　　　　99
　　2 - 베트남에서 취직하려면 무엇을 준비해야 할까요?　　　112
　　3 - 베트남어 공부 어디서 했어?
　　　　베트남어 배우려면 얼마나 걸려?　　　　　　　　　115
　　4 - 베트남에서의 직장생활은 어떤가요?　　　　　　　　120

05 베트남에서 창업을 할 수 있을까?　　　　　　　　　125
　　1 - 베트남 사람들은 어떤 경제활동을 할까요?　　　　　127
　　2 - IT스타트업이 베트남에서 성장할 수 있을까요?　　　132
　　3 - 스타트업 인큐베이팅 시스템이 있나요?　　　　　　135

06 베트남 생활 초보자들의 질문 리스트　　　　　　　　139
　　1 - 베트남 온 지 일주일 되었는데,
　　　　친구 사귀기가 너무 어려워요.　　　　　　　　　　141
　　2 - 보통 주말에 뭐하고 노세요? 취미생활은 어떤 걸 하시나요?　145
　　3 - 집을 구해야 하고, 이사를 해야 하고… 어떡하죠?　　151
　　4 - 베트남에서 쇼핑은 어디서 하세요?　　　　　　　　157
　　5 - 쌀국수, 분짜 말고 맛있는 베트남 음식 추천해주세요.　163
　　6 - 베트남 많이 더워요? : 북부, 중부, 남부의 계절별 날씨　166
　　7 - 그랩이 뭔가요? :
　　　　베트남 생활에서 도움이 되는 어플리케이션　　　　169

부록 인터뷰 당신의 베트남은 안녕하신가요?　　　　　　177
맺음말　　　　　　　　　　　　　　　　　　　　　　212

01
역사를 통해 바라본 베트남의 현재

01. 역사를 통해 바라본 베트남의 현재

국명	베트남 사회주의 공화국(The Socialist Republic of Vietnam)
행정구역	5개의 중앙 직할시와 58개 성으로 구성
면적	약 33만 966.9Km²(한반도의 약 1.5배), 남북 1,700Km, 해안선 3,200Km, 경지면적 23%
기후	아열대(북부), 열대몬순(남부)
수도	하노이(Hà Nội, 833만 명, 2022년 기준)
인구	약 9,933만 명 [베트남 통계청(GSO) 산하 인구노동통계국]
중앙 직할시	하노이(805.3만 명), 호치민(899.3만 명), 하이퐁(202.8만 명), 다낭(113.4만 명), 껀터(123.5만 명)
민족	비엣족(킹족, 전인구의 85.7%), 타이족, 화교(약 82만 명), 크메르 족 등 54개 민족
공용어	베트남어
문맹률	2.15%(15~60세 2.15%, 15~35세 0.07% . 2020년 기준)
종교	무교 73.2% 불교 70%, 기독교 8.3%, 신흥종교 6.2%, 기타 0.1%
화폐 단위	베트남동(Vietnamese Dong, VND로 표기)
기준환율	약 23,500VND/USD(2023년 4월 기준)
시차	한국보다 2시간 늦음(G.M.T +7시간)
외교 관계	185개국과 수교(200개국 무역, 약 80개국이 베트남에 투자)
대 한국수교	1992년 12월 22일

1 - 베트남의 과거

지구상에는 많은 국가와 다양한 민족이 존재합니다. 사람마다 성향이 다른 것처럼 국가마다 민족마다 그 성향이 확연히 다릅니다. 한국인이라고 하면 소위 '빨리빨리'라는 단어가 떠오르게 되는 것처럼 해당 민족이 가지고 있는 보편적인 성향은 분명히 있습니다. 우리는 이러한 부분을 국민성 혹은 민족성이라고 부르며 이러한 성향을 오랜 시간 동안 그 나라가 형성되어 온 과정 즉, 그 나라의 역사 속에서 찾아볼 수 있습니다.

베트남이라는 나라를 생각할 때 무엇이 떠오르나요? 베트남 축구를 뜨겁게 만든 박항서 감독, 쌀국수나 분짜를 비롯한 맛있는 베트남 음식들, 휴양지로 각광받는 다낭을 비롯한 관광지, 더운 날씨, 그리고 한국과 관련이 깊은 월남전 또는 가난한 나라라는 이미지. 그 외에 또 무엇이 있을까요?

사업적인 교류가 활발하고 최근 매우 인기 있는 여행지가 된 베트남에 대해서 생각보다 다양한 정보를 갖고 있는 것 같지는 않습니다.

그러나 베트남 사람들의 가장 기본적인 성향과 사상을 생각할 때, 우리는 반중감정, 프랑스와의 친밀함, 남북의 문화차이, 서구로의 문호개방, 공산당 집권을 빼놓고는 베트남의 국민성을 논하기 어려울 것 같습니다.

이 보편적 특징들에 대해서 베트남의 역사적 관점에서부터 접근을 해보려고 합니다.

★ 반중감정

◆ 호치민(사이공) 거리를 행진하는 베트남 반중 시위대

　베트남은 역사적으로 오랜 기간 동안 중국 세력의 통치를 받아왔습니다. 기원전 2919년 베트남 최초의 국가인 홍방 왕조가 세워지고 257년 툭판 왕조로의 교체가 일어났습니다. 그러나 이후 중국 세력이 밀려들어오면서 기원전 111년 중국 역사상 최고의 나라 중 하나로 꼽히는 한나라, 그중에서도 제7대 황제인 무제로 인해 남베트남이 정복당하면서 중국의 통치가 시작되었고, 10세기 베트남 북부의 최초 통일왕조인 응오 왕조가 건국될 때까지 중국의 통치는 중국 왕조가 바뀌는 시점에도 지속되었습니다.

　물론 베트남은 중국 세력의 통치로부터 독립하기 위해 간헐적으로 독립운동을 벌였습니다.

후한 초기에 독립을 위한 투쟁을 벌인 쯩(베트남어: Trưng/ 徵) 자매 운동과 바 찌에우(Bà Triệu)에 의한 산발적인 초기의 독립운동은 짧은 성공에 불과하였고 중국의 무력으로 곧 진압되었습니다. 544년과 602년 사이에 전기 리 왕조의 방쑤언(베트남어: Vạn Xuân/ 萬春)에 의한 독립 시기가 있었고 또한 10세기 초반 무렵 쿡(베트남어: Khúc/ 曲) 가문에 의하여 자치권을 얻었으나 그것이 진정한 독립은 아니었습니다.

이렇게 오랜 기간에 걸쳐서 중국의 통치를 받아온 베트남은 사람들의 생활 습관, 문화, 의식 등이 중국과 비슷하다는 사실을 뒷받침한다고 생각할 수 있겠습니다. 다만, 오랜 통치 기간 동안 베트남이 중국화 된 것이 아니라 베트남이라는 나라로 존재하게 되면서 자연스럽게 중국이 베트남을 억압하는 상황들이 만들어지면서 베트남 사람들에게는 중국에 대해 적대하는 감정의 뿌리가 시작되었다고 볼 수 있겠습니다.

★ 프랑스와의 친밀함

938년 박당전투에서 응오 왕조의 시조인 응오꾸옌(베트남어: Ngô Quyền/ 吳權)이 오대 십국의 하나인 남한과 싸워서 이기면서 중국으로부터 독립을 하게 됩니다. 이후 베트남 왕조의 통치가 이어지고 15세기의 레 왕조 시기에는 그 절정에 달하게 됩니다.

그후 1802년에 프랑스의 세력에 힘을 입어 응우옌 왕조가 건국되었으나 이내 프랑스의 식민정책에 의해 프랑스령 인도차이나의 일부로 속하게 되었습니다. 이후, 제2차 세계대전 때까지 프랑스령 인도차이나의 한 국가로써 베트남을 식민통치합니다.

그런데 신기한 것은 중국도 베트남을 통치했었고, 프랑스도 베트남을 식민지로 통치했었는데 베트남 사람들은 중국에 대해서는 반중감정을 가지면서도 프랑스에 대해서는 매우 우호적인 감정을 갖습니다.

중국과 프랑스 두 나라는 각각 통치시절에 베트남을 대하는 태도가 달랐습니다. 베트남을 억압했던 중국과 달리 프랑스는 베트남을 우호적으로 대하고 국가의 발전을 위한 기틀을 마련했습니다. 물론 그 목적이 베트남을 프랑스의 식민지로써 자국화 하기 위한 작업인 면이 더 강했겠지만 결과론적으로 그 시절 프랑스의 우호적인 태도 덕분에 베트남의 사회 문화적인 발전이 일어났습니다.

이 식민통치 기간 중에 프랑스 선교사에 의하여 베트남 문자가 만들어졌으며, 유명한 베트남 음식인 반미(바게트 샌드위치)가 이때부터 만들어지기 시작했습니다. 또한 현재 유명한 관광지인 달랏, 다낭 등은 프랑스 식민지 시대에 관광지로 개발되어 현재까지도 베트남 관광수입의 매우 큰 부분을 차지하고 있습니다.

이렇게 결과론적으로 보면 프랑스의 통치기간은 베트남의 발전에 큰 기여를 하게 되었고, 베트남 사람들은 프랑스에 대해 친밀하고 우호적인 태도를 갖게 된 것이지요.

◆ 베트남의 대표적인 길거리음식 중 하나인 베트남식 샌드위치 (반미/ Bánh mì)

★ 남북의 문화차이

앞에서 보았듯이 프랑스는 제2차 세계대전 때까지는 프랑스령 인도차이나의 한 국가로 베트남을 식민지로 통치하였습니다. 그러나 프랑스는 종전 후에 다시 군대를 파견하였고 이는 호치민이 지도하는 민족 세력인 비엣민과 남북으로 대립하게 됩니다. 결국 베트남은 공산당이 이끄는 북베트남과 미국이 지원하는 남베트남으로 분단이 되었고 1964년부터 1975년까지 베트남 전쟁을 겪어야만 했습니다.

이 남북 전쟁에서 호치민이라는 영웅이 나타나서 북베트남을 이끌었고, 그 결과 전쟁은 북베트남의 승리로 끝이 나게 됩니다. 그 영웅을 기리는 목적으로 베트남 남부 중심도시의 이름을 호치민이라고 부르게 되었습니다. 전쟁은 북베트남의 승리로 끝이 났지만 약 10여 년의 전쟁으로 인해서 베트남은 경제성장의 기회를 놓치게 됨과 동시에 국가의 지리 경제 사회의 모든 분위기를 복원하는 데 많은 시간과 물자를 쏟게 됩니다.

베트남은 이 남북전쟁으로 인해서 남북 간의 문화 차이와 차별이 지금까지도 이어지고 있습니다.

★ 서구로의 문호개방

1975년 남북전쟁 이후, 베트남과 민주 캄푸치아 사이에 무력 충돌이 일어났습니다. 이것이 베트남-캄보디아 전쟁의 시작입니다. 처음에는 단순히 내륙 국경지역의 충돌로 시작되었습니다. 단순한 충돌이 점차 커지면서 사단 규모의 군사적 충돌로 발전하였고, 1978년 12월 25

일 베트남은 캄보디아로 전면적인 침공을 단행하여 크메르루주(캄보디아 공산당) 정권을 퇴출시키고, 캄보디아 국토의 대부분을 점령했습니다 (1991년 파리 협정이 성사되기까지 베트남의 캄보디아 점령은 계속되었습니다).

이어서 1979년 2월 17일에는 베트남의 캄보디아 침공을 빌미로 중국 인민해방군이 베트남 국경 26개 지점을 통해 침공해 들어갔습니다. 주변국을 미리 포섭하고, "작은 친구가 말을 안 들으면, 엉덩이를 때려야 한다"는 말로 일본과 미국, 소련에까지 침공의 정당성을 천명한 후 침공을 시작했습니다.

그러나 예상과 다르게 중국은 베트남 침공에 실패했습니다. 오랜 기간 전투를 통해 단련된 베트남의 지역수비대와 민병대의 노련함, 그리고 미군이 남기고 간 50억 달러어치의 최신 전쟁물자와 무기에 지리적 특성까지 활용한 베트남을 중국군은 이길 수 없었습니다.

중국은 사령관까지 교체해가면서 국경을 맞대던 5개의 도시를 점령하는 데 성공한 후, 목적을 달성했다는 발표 후 부대를 철수시켰습니다. 이에 베트남 국방부는 전투가 베트남의 승리로 끝났다고 발표하게 됩니다.

이후 베트남은 오랜 전쟁으로 피폐해진 국토와 경제상황을 고려해서 발전을 꾀하게 됩니다. 그리고 1986년에는 공산당 제6차 대회에서 개혁개방 정책인 '도이 머이(도이: 바꾸다 / 머이: 새롭게 → '개혁'을 뜻함)'를 채택한 이후 급속한 경제발전을 이루게 됩니다.

지배체제는 공산당 일당체제를 유지하면서 시장경제를 도입해서 경제발전을 도모하는 정책을 도입하기로 합니다. 이 결과 베트남은 서방세계에 문호를 개방하였고 그 결과 1인당 GDP가 꾸준히 증가하여

2023년에는 미화 4,475달러에 이르렀고 경제성장률은 7%를 넘었습니다(베트남 1인당 명목 GDP: 3,756.49 USD(2021년), 4,475 USD(2023년 4월 발표 기준)).

★ 공산당의 집권

공산당은 베트남 유일의 합법 정당입니다. 도이 머이 정책에 의한 시장 경제를 용인, 추진하면서도 마르크스-레닌주의와 호치민 사상을 정당의 이념으로 삼고 있습니다.

베트남의 역사에서 지속적으로 보이는 내용이 바로 베트남 공산당입니다. 베트남 공산당은 오랜 역사 속에서 베트남을 이끌어온 정치의 중추였으며, 가장 강력한 권력의 중심이 되어왔습니다.

◆ **베트남 호치민 인민위원회 청사 (Ủy Ban Nhân Dân Thành Phố Hồ Chí Minh)**

1898년 사이공에 주재하는 프랑스인을 위한 공회당으로 지어진 건물로, 1975년 베트남이 통일된 이래 호치민 인민위원회 청사(시청)로 사용되고 있다.

현재 베트남 공산당 당원 수는 약 530만 명 정도입니다. 공산당은 5년에 한 번 소집되는 베트남 공산당 전국대표대회에서 중앙집행반(정수 150명)을 선출하며 중앙집행반은 정치부 위원 15명과 비서반 위원 9명, 베트남 공산당 중앙군 위원을 선출합니다. 베트남 공산당 중앙집행반 총비서는 공산당 당수에 해당합니다.

당내 서열은 총비서가 1위이고 국가주석, 수상은 그 다음 서열이라고 보면 됩니다. 물론 헌법상으로는 국가주석이 서열 1위로 되어있습니다.

베트남에서 공산당은 당이 국가보다 우선됩니다. 따라서 국가직무보다 당 직무쪽이 의미를 갖습니다.

중국 공산당과 조금 다른 점을 보면, 중국은 국가의 직무와 당의 직무와 노동당의 직무를 동시에 겸할 수 있기 때문에 당 내의 권력의 집중도가 매우 강합니다. 그러나 베트남은 세 개의 직무가 관례적으로 겸임되지 않는 트로이카 체제가 되어 당내 권력의 집중도가 상대적으로 약한 것이 사실입니다.

2 - 베트남의 식문화

　베트남은 지리적으로 남북으로 길게 뻗어 있습니다. 그러다보니 자연스럽게 한 나라에서도 기후가 많이 다릅니다. 남쪽이 더 따뜻하고 토양이 비옥해서 농사가 더 잘 지어집니다.

　북부 지방은 남부에 비해 농사를 짓기에 적합한 기후가 아니어서 2모작이나 3모작을 기대하기가 어렵습니다.

　그러다보니 작물이 풍부한 남쪽이 상대적으로 척박한 북쪽보다 풍족한 삶을 살아왔습니다. 작물이 풍족하여 밥을 굶는 일이 거의 없다 보니 저축에 대한 의지는 상대적으로 많이 부족하게 됩니다. '어차피 또 생길 것'이라는 개념으로 접근하는 경우가 많기 때문입니다.

　반면 북부 지방은 농산물이 부족한 것은 아니어도 남부 지방에 비해 넉넉하지 않기 때문에 언제 어떻게 될지 모르는 상황입니다. 그래서 그들은 아끼고 저축하는 것이 습관화되었습니다.

　이러한 지역적 특성이 식탁의 문화를 만들어왔으며, 사람의 성향을 변화시켜 왔습니다.

　북부는 식량이 풍부하지 않아서 먹는 양을 줄이기 위해 만들어진 문화인 듯 짜고 매운 자극적인 스타일의 음식이 많습니다.

　남부는 맛있게 많이 먹는 성향을 그대로 반영하듯 달달한 음식이 많습니다.

　중부는 그 중간에서 약간 매운 편입니다.

◆ 베트남의 대표음식 쌀국수

쌀국수의 발원지는 북부이며 북부 쌀국수는 담백한 국물과 단출한 고명(파, 고수)이 특징

◆ 남부 사람들이 즐겨먹는 후띠에우(hủ tiếu)는 숙주를 포함한 다양한 야채 고명을 얹어먹으며 바닷가와 가까운 지역에서는 각종 해산물이 들어가는 것이 특징

◆ 중부 지방의 대표적인 국수 분보훼 (bún bò huế)

더하여 국가가 위치한 지역적인 특수성으로 주변국의 영향을 받으면서도 베트남만의 식문화로 발전한 경우 또한 생각해볼 수 있습니다.

베트남 음식은 중국의 지배로 인해 중국 음식과 비슷한 점이 많습니다. 그러나 중국 음식처럼 기름기가 많지 않습니다. 또한, 가까운 태국과 비슷하게 향신료를 사용하지만, 맵지 않다는 독특한 특징을 가지고 있습니다.

베트남 음식은 담백한 맛이 나는 요리가 많아 한국 사람의 입맛에 잘 맞는 음식도 많이 있습니다.

◆ 가늘고 길며 찰기가 없는 안남미는 베트남 등 동남아시아에서 주식으로 먹는 쌀

베트남의 주식은 쌀인데, 이 쌀은 한국에서 먹던 쌀과는 조금 다릅니다. 끈기가 적고 푸석푸석하여 잘 뭉쳐지지 않아서 상대적으로 소화가 쉽지 않습니다.

베트남은 바다로 둘러쌓여 있기 때문에 해산물을 쉽고 싸게 접할 수 있을 것으로 생각하기 쉽지만, 날씨가 덥기 때문에 보관에 더 많은 시간과 노력 그리고 비용이 들어가기 때문에 오히려 해산물은 비싼 음식에 속합니다.

3 - 베트남의 스타벅스와 맥도날드

◆ 베트남 시내의 스타벅스

혹시 스세권이라고 들어보셨나요?

한국에서는 건물에 스타벅스가 입점하게 되면 그 건물에는 방문객이 증가하게 되고, 따라서 해당 상권의 상가를 이용하는 비율도 증가하게 되어 건물의 가치가 10%에서 많게는 30%까지 상승하는 효과가 있다고 합니다. 이렇듯 스타벅스는 전세계적으로 유명하며 인기 있는 대형 커피 프랜차이즈 업체입니다. 그런데 이런 스타벅스가 진출했다가 처참히 무너진 나라가 바로 베트남입니다.

그리고 맥도날드. 패스트푸드의 대명사이자 햄버거 하면 떠오르는 이름이 바로 맥도날드입니다. 지금은 다양한 햄버거 가게와 수제 햄버거 가게까지 주변에서 어렵지 않게 찾아볼 수 있지만, 몇 년 전까지만 해도 한국에서 맥도날드는 편하고 빠르게 식사를 대신한다는 의미로 많이 찾곤 했습니다. 이러한 맥도날드를 베트남에서는 찾아보기가 쉽지 않습니다. 스타벅스와 맥도날드, 우리에게는 너무 익숙하고 친숙했던 두 브랜드가 왜 베트남에서는 정착하기 쉽지 않았을까요?

이 점을 잘 분석하지 않으면 우리는 베트남으로 진출해서 어려움에 직면할 것 같습니다.

우선 스타벅스는 커피 전문점입니다. 스타벅스가 커피 전문점 브랜드로 성장한 배경은 두 가지를 생각해 볼 수 있습니다.

첫째는 브랜드를 판매하는 것이고, 둘째는 공간을 대여하는 의미입니다.

우스갯소리로 이런 말들이 오가던 때가 있었습니다. "한 손에 명품 가방을 들고 다른 한 손에는 스타벅스 커피를 로고가 보이도록 들어야 비로소 '잘나가는' 사람처럼 보일 수 있다." 즉, 스타벅스 커피는 허세, 허영심의 대명사였던 적이 있습니다.

다른 매장에 비해서 비싼 커피 가격, 그리고 특별하지는 않던 맛.

하지만 지금은 다른 가게들이 스타벅스만큼 가격을 받기 때문인지, 쿠폰을 독특한 방식으로 제공해서인지 모르겠지만, 스타벅스가 특별히 비싸다고 느껴지지는 않습니다.

또한 한국인의 정서는 옛날부터 약속을 잡으면 커피숍 소위 말하는 다방에서 만났습니다. 이렇게 한국인에게는 커피숍이 오래전부터 만남의 장소였고 지금에 와서는 그 명맥을 카페가 이어가는 것입니다.

그러나 베트남은 이 두 가지 조건에서 많이 어긋나 있습니다. 우선 베트남은 커피 생두의 생산 국가입니다. 이런 나라에서 커피를 비싼 돈을 내고 사 먹는다는 개념은 납득하기 조금 어려운 행동입니다. 커피는 커피일 뿐, 베트남 사람들에게 카페가 공간적 요소로 다가가지 않는 것은 덤이지요.

그러다 보니 세계 최대 카페 브랜드인 스타벅스는 베트남에서 현지화에 실패를 합니다.

　더하여 1970년대 약 10여 년간 미국과 전쟁을 치렀고, 더 나아가서 그 전쟁에서 승리를 취한 베트남 사람들에게 미국의 브랜드가 곱게 보이지는 않았던 것도 덤으로 작용했을 것입니다. 물론 그 과정에서 반사이익으로 베트남 로컬 커피숍이 성장하는 결과가 만들어졌지요.

　맥도날드도 마찬가지였습니다. 베트남에서 가장 손쉽게 접할 수 있는 음식인 반미. 반미는 바케트 빵에 채 썰어 볶은 야채나 고기류 등을 넣어 먹는 샌드위치 같은 음식입니다.

　맛, 속도, 접근성, 가격면에서 모두 강점을 가지고 있는 음식이기에 맥도날드의 장점인 편리하게, 쉽게, 맛있게 한끼의 식사를 해결한다는 점은 더 이상의 장점이 아니게 되었습니다. 상대적으로 가격 또한 차이가 많이 난다는 것은 더 말할 것도 없지요. 반미는 맥도날드 햄버거에 비해서 가격이 절반 이하로 저렴합니다.

　베트남 사람들에게 미국 브랜드의 맥도날드가 곱게 보일 수가 없는데, 더 나아가서 비싸고, 베트남 사람들의 입맛에도 썩 달가운 맛이 아니라면 사람들이 그 가게를 이용하는 것을 기대하기는 쉽지 않을 것입니다.

다만, 최근 들어 스타벅스는 시장의 현지화를 통해 가격을 재구성하여 시장에 재진입을 시도하고 있으며 빠른 속도로 성장하고 있습니다. 시기적으로도 베트남을 방문하는 외국인들이 늘고 스타벅스의 이용이 증가하게 되면서 이제 스타벅스는 점진적으로 베트남이라는 시장에 안착하고 있다고 보여집니다.

더하여 베트남 현지인들의 SNS의 영향으로 브랜드 그 자체를 소비하는 문화가 형성되기 시작했고, 또 스타벅스 자체의 가격이 한국에 비교해서 20%가량 저렴하게 형성되어 있기 때문에 로컬 카페 브랜드와 비교해서도 가격경쟁에서 밀리지 않기 때문에 최근 스타벅스 이용이 증가하는 추세입니다.

현재는 스타벅스가 Grab(Grab: 동남아시아의 선도적인 라이드 헤일링 플랫폼)의 푸드 딜리버리 시스템(한국의 '배달의 민족'처럼 음식 배달을 대행해주는 서비스 플랫폼)으로 시장에 접목되기 시작되면서 현지 사람들이 점심시간에 스타벅스 커피를 배달하는 분위기도 다양하게 연출되기 시작했습니다. 종종 스타벅스에서 Grab 기사들이 대기하는 상황이 만들어지고 있기도 합니다.

이를 보고 베트남에서 회사를 경영하는 사람이 스타벅스는 고급 브랜드로 이미지가 형성되어 있는데 Grab 푸드 딜리버리 기사들이 진을 치고 있는 모습이 어울리지 않는다는 내용을 자신의 SNS에 올렸다가 논란이 일었던 적이 있을 만큼 베트남에서 스타벅스는 잘 정착해가고 있습니다.

◆ 주문한 상품을 기다리는 그랩 푸드 기사들

우리는 베트남이라는 나라로 진출하면서, 그 나라의 문화와, 분위기, 사람들의 성향, 식문화 등을 토대로 여러 아이템들을 여러 각도에서 분석하여 시장에 적합할지를 분석하면서 접근해야 할 것입니다.

4 - 공휴일로 알아보는 베트남

시작부터 독자분들께 실망스러운 이야기를 한 가지 전해야 할 것 같습니다.

베트남은 토요일에도 근무를 합니다. 그리고 공휴일도 총 10일밖에 되지 않습니다. 공휴일이 적은 이유는 석가 탄신일, 크리스마스와 같은 종교적인 기념일들이 공휴일이 아니기 때문입니다. 그리고 특이하게도 아시아에서 중요하게 여기는 추석도 공휴일이 아닙니다.

베트남의 공휴일, 그중에서도 국경일을 보면 베트남의 역사를 알 수 있고 베트남 사람들이 어떤 것을 중요하게 생각하는지를 짐작할 수 있습니다.

● 베트남의 공휴일

양력	음력	공휴일명	영문명	공식 공휴일명
1/1		양력 설	New Year Day	Tết Dương Lịch 뗏 즈엉 릭
	12/30~1/3	음력 설	Lunar New Year Day	Tết Nguyên Đán 뗏 응우웬 단
	3/10	훙왕 기일	Hung King's Commemorations	Giỗ Tổ Hùng Vương 지오 또 훙 브엉
4/30		통일의 날: 사이공 해방기념일, 전승기념일	Reunification Day	Thống Nhất Đất Nước 통 녓 덧 느억
5/1		국제노동자의 날	International Workers' Day	Quốc Tế Lao Động 꿕 떼 라오 동
9/2		독립선언일	Independence Day	Ngày Quốc Khánh 응아이 꿕 카잉

★ 베트남의 설 명절 뗏(TET) : 음력 1월 1일

베트남 최대의 명절이자 민속 축제인 뗏(TET)은 한국으로 보자면 설 명절과 같습니다.

뗏이라는 말은 한자어 '뗏 응웬 단'(tet Nguyen dan)을 줄여서 부르는 말로 원단(元旦) 즉, 새해 첫 아침의 축제를 의미합니다.

◆ 세뱃돈 '리 시'(li xi)를 받고 좋아하는 베트남 어린이

베트남은 과거에는 길게는 한 달 가량을 쉬기도 하여 음력 1월을 쉬는 달이라고도 불렀습니다. 설 명절 공식 연휴는 약 1주일 정도이지만, 자영업과 산업근로자들의 경우 자체적으로 10일~2주간을 쉬기도 합니다.

베트남에서 "가정의 흥망성쇠는 설을 쇠어봐야 안다"는 말이 있을 정도로 설은 명절 이상의 의미를 지니며 삶을 가늠하는 척도이기도 합니다.

설에 맞추어 중요한 혹은 고가의 가전제품을 구입하거나 심지어 차량이나 새 집을 건축하는 경우가 많습니다. 미국에 블랙프라이데이가 있는 것처럼 베트남에서는 설을 맞이하여 거의 모든 회사가 프로모션을 하기도 합니다.

이 시기에 도시는 설 연휴 귀성으로 상점들은 문을 닫고 오랜 시간 동안 폐업상태가 됩니다. 베트남은 마치 설을 잘 보내기 위해 살아가는 사람들처럼 보일 정도로 설 명절(TET)을 소중히 여깁니다.

★ 베트남의 시조 '훙'왕(Vua Hung)을 기리는 훙왕 기일 : 음력 3월 10일

'훙'왕(Hùng Vương)은 기원전 2879년 베트남 최초의 국가인 반랑(Văn Lang)을 건국한 왕입니다. 이 날은 한국의 개천절과 가장 비슷한 날이라고 생각하면 좋을 것 같습니다.

베트남의 공휴일인 음력 3월 10일은 한국의 '단군'에 해당하는 베트남의 시조 훙왕을 기리는 날입니다. 베트남에는 "어디에 가든지 국조의 기일인 3월 10일을 꼭 기억하라"는 말이 있습니다.

● **베트남의 훙왕에 관한 설화를 보면 이렇습니다.**

과거 락롱꿘(Lac Long Quan. 기원전 2839년~기원전 2439까지 재위)이라는 용신이 있었습니다. (참고로 베트남 전설에 의하면 락롱꿘은 낑즈엉(Kinh Duong) 왕과 탄롱(Than Long)이라는 용신의 사이에서 태어난 장남이라고 전해 내려옵니다.) 락롱꿘은 괴이한 힘으로 인간이 각종 귀신을 쫓는 것을 도와주곤 했는데, 그러던 어느 날 락롱꿘은 어우꺼(Au Co)란 선녀를 만났고 사랑에 빠지게 되었습니다. 어우꺼도 락롱꿘의 지혜와 재능에 반해 결국 둘은 부부의 연을 맺게 됩니다. 얼마 후에, 어우꺼는 알을 낳았고 7일 뒤에 알에서 예쁜 아이가 100명이나 나왔습니다. 그러나 생활습성이 완전히 다른 선녀와 용신은 결국 헤어질 수밖에 없었습니다. 하지만 서로 도와주며 둘 사이의 연은 놓지 말자고 약조합니다. 그 후 자식 50명은 락롱꿘을 따라 바다로 향해 어업을 했고, 다른 49명은 어우꺼와 함께 산속에 들어가 농사일을 하였습니다. 그중 맏형은 펑쩌우(Phong Chau)에 남아 거주하며 반랑(Van Lang)이란 나라의 왕이 되었으며 그가 바로 훙왕이고 베트남 최초의 왕이라고 전해 내려옵니다.

현재 음력 3월 10일에는 제사를 지낼 뿐만 아니라 축제도 함께 개최합니다. 축제는 사실 8일부터 11일까지이지만 10일 아침에는 국가 주석, 부수상, 고위급 관리들, 푸토 성의 지도자들이 훙 사원에서 제사를 거행합니다. 제물은 삼생(三生)이라고 해서 황소, 돼지, 염소 3가지 동물이며 그 외 바잉쯩(banh chung), 바잉자이(banh giay), 찹쌀, 청동북도 제물로 올리며 각 성과 시에서는 훙왕의 건국 은공을 기리기 위해 특산물들을 제물로 올려 제사를 지냅니다.

훙 사원의 축제에는 다양한 활동들이 열리면서 말 그대로 축제의 장이 펼쳐집니다. 특히 훙 사원 순례는 아름다운 베트남의 전통신앙 문화활동이며 베트남 사람의 고유관념에서 훙 사원은 민족적 근원이 발생한 성지이기 때문에 시대의 변화 속에서도 훙 사원 제사와 훙 사원 축제는 여전히 잘 보존되어 오고 있습니다. 호치민 주석이 "훙왕께서 건국하셨으니 나와 너 우리는 호국을 잘 해야 한다"고 말한 것처럼 베트남 사람들은 훙왕의 건국 이념을 받들어 이 날을 가장 큰 민족의 축제로 계승해 오고 있습니다.

★ 베트남 통일의 날, 전승기념일, 사이공 해방 기념일 : 4월 30일

　베트남의 역사에서 1975년 4월 30일은 베트남이 통일된 날입니다. 또한 30년에 걸친 베트남 전쟁의 종전을 기념하는 날입니다. 그러나 이 통일은 북 베트남이 중, 남부 베트남을 해방한 날이기 때문에 어떤 입장에서 보는가에 따라 견해가 조금 다를 수 있습니다.

　즉, 북 베트남의 주도로 통일했기 때문에 북 베트남 입장에서는 통일을 기념하는 날이면서 전승기념일이 되지만 중, 남부 베트남의 입장에서는 사이공이 함락된 날로 기억되는 것입니다.

　이 다음 날인 5월 1일이 국제 근로자의 날이므로, 1~2일 정도 휴가를 내면 뗏(구정) 외에 유일하게 여행이 가능한 긴 연휴가 되어 많은 베트남 사람들이 이 시기에 국내외로 여행을 떠나곤 합니다.

◆ 베트남 호치민시에 있는 역사적 명소 통일궁 (Dinh Thống Nhất)

★ 독립선언일 : 9월 2일

19세기 중반 베트남은 프랑스의 식민지였습니다. 또한 2차 세계대전 중인 1940년부터는 프랑스 대신 일본제국의 지배를 받게 됩니다.

일본이 동맹군에게 항복했던 1945년 중반, 승리를 위한 큰 기회가 있었고 베트남 독립 동맹회(Việt Nam Độc lập Đồng minh Hội)는 그 기회를 놓치지 않고 잘 활용하여 결국 독립을 하였습니다.

1945년 9월 2일 호치민 주석은 하노이 바딘광장에서 열린 집회에 모인 군중들 앞에서 독립선언문을 낭독하며 베트남 민주공화국이 탄생하였습니다. 따라서 매년 9월 2일 이 날을 기념하기 위해 국경일로 지정하였습니다. 보통은 불꽃놀이를 하며, 하노이에서는 호치민 주석의 시신이 방부처리되어 안치된 호치민 묘소 앞 바딘광장에 참배하러 가는 사람들이 많습니다.

★ 추석 : 음력 8월 15일

뗏쭝투(Tết trung thu)는 음력 8월 15일을 이르는 말로 베트남의 추석이라고 할 수 있습니다.

베트남 사람들은 이 날을 뗏쫑짱(Tết trông trăng)이라 하여 달 구경을 나가고, 조상에게 제사를 지내는 날로 삼는데, 추석보다는 음력 설을 더 중요하게 여겨서 추석에는 별도의 공휴일을 갖지 않습니다. 또한 베트남의 추석은 아이들을 위한 명절이라는 뜻의 뗏 티에우 니(Tết Thiếu nhi)라고 불리기도 합니다.

베트남의 추석이 아이들을 위한 명절로 정착된 이유는 그 기원이 명확하지 않지만, 가장 많은 사람들이 이야기하는 그나마 설득력이 있는 이유로는 베트남 사람들이 존경하는 인물인 호치민 주석이 1947년 전국의 아이들을 위한 편지를 써서 나누어 주고 아이들과 어울리며 돌본 데에서 비롯했다는 이야기입니다.

◆ 호치민 인민위원회 청사 앞에 세워진 베트남 초대 국가 주석 호치민(Hồ Chí Minh)의 동상

호치민 주석은 편지를 나누어 주며 국민들에게 아이들, 특히 전쟁으로 부모를 잃은 가난한 아이들을 돌볼 것을 강조했으며, 본인 스스로도 매년 추석에 아이들에게 편지를 써주고 아이들과 함께 달을 보러 나가는 모습을 보여주었습니다. 이러한 모습을 본받아 베트남 국민들은 추석을 아이들을 위한 날로 보내고 있으며, 이 날 하루 동안 부모와 조부모들은 아이들에게 더 많은 사랑과 관심을 보여주는 계기로 삼고 있습니다.

● 베트남의 추석음식 - 바잉 쭝투(Bánh trung thu)

◆ 바잉 쭝투(왼쪽) / 바잉 쭝투를 판매하는 팝업스토어 (오른쪽)

바잉 쭝투는 중국의 월병과 같다고 이해하면 좋습니다.

추석 약 한달 전부터 길거리 곳곳에 판매대가 설치되어 추석 당일까지 이 월병을 팔다가 추석이 지나면 가게를 철거하곤 합니다. 일종의 팝업스토어인 셈이지요. 바잉 쭝투는 길거리 간이 가게뿐만 아니라 마트, 백화점, 제과점, 호텔에서도 파는데 베트남 사람들이 좋아하는 빨간색을 중심으로 한 화려하고 알록달록한 장식이 눈길을 끕니다. 가격 또한 브랜드나 속 재료에 따라서 천차만별이고, 보통은 회사에서도 거래처나 직원들에게 이 바잉 쭝투를 선물하기도 합니다.

02

베트남으로 사업을 확장할 수 있을까?

베트남에서 활약하는 한국 기업

삼성전자
하노이 휴대폰 공장 2곳
호치민 TV, 생활가전 공장

삼성전기
타이응우옌 카메라모듈, 휴대폰기판 공장

LG전자
하이퐁 휴대폰, 생활가전 공장

포스코
붕따우 형강, 철근, 냉연공장
동나이 스테인리스, 냉연, 도금공장
하이퐁 철근, 선재공장
하이즈엉 냉연, 도금공장

효성
동나이 스판덱스, 타이어코드 공장

CGV
전국 멀티플렉스 극장

한국의 베트남 지역별 투자 비중
(1999~2017 누적)

북부 57.2%
오일가스 0.2%
중부 6.8%
남부 35.8%

자료: 각 시
자료: 베트남 기획투자부

02 베트남으로 사업을 확장할 수 있을까?

1 - 사업을 확장하려면 하노이가 좋은가요? 호치민이 좋은가요?

베트남에서 호치민과 하노이는 각각 남부와 북부의 지리적, 심리적 심장의 역할을 하고 있습니다. 즉, 도시의 발전 수준부터 인구 밀집도, 경제력 등이 가장 높으며 정치, 경제 상업의 중추 역할을 하고 있습니다. 베트남 인구는 약 9,000만 명을 상회하는 것으로 추정할 수 있는데, 그중 16% 정도가 하노이(7.8%)와 호치민(8.8%)에 밀집되어 있습니다.

즉, 사업을 확장하기에 베트남의 하노이와 호치민은 가장 매력적인 지역이 아닐 수 없습니다. 다만, 사업을 확장하는 입장에서 두 지역을 동시에 시작하는 것은 많은 부담이 생길 수밖에 없기에 우리는 한 지역을 잘 선택해서 진출해야 합니다.

여기서 먼저 두 가지 의문점을 가질 수 있는데, 하나는 베트남에서 사업을 확장하려면 반드시 하노이와 호치민 둘 중 하나를 택해야 할까요? 둘째는 그렇다면 어떤 기준으로 사업의 확장 지역을 선택해야 할까요? 정도가 아닐까 생각합니다.

우선, 사업확장의 목적을 명확히 해야 합니다. 사업을 확장할 때, 반드시 하노이와 호치민 둘 중 하나가 정답인 것은 아닙니다. 사업을 베트남으로 확장하는 목적에 따라 다를 수 있습니다. 사업의 확장 목적이 상대적으로 저렴한 인건비를 활용하기 위한 공장의 외주(Out Sourcing)인 경우와 베트남인을 대상으로 자사(自社)의 상품을 판매하는 경우 두 경우에 따라 다를 것으로 생각됩니다.

공장의 외주의 경우는 보편적으로 기업들은 베트남의 각 지역의 공단 지역이 있어서 그곳에 설립합니다. 삼성은 하노이 근방의 박닌이라는 지역에 대규모 공장을 설립하여 운영하고 있으며 LG의 경우 베트남의 3대 도시 중 하나라 불리는 하이퐁에 공장을 설립하여 운영하고 있습니다. 결과적으로 각 기업의 특징에 따라 인력을 어떻게 수급할지와 수급할 인력의 필요 능력에 따라서 지역을 고려할 필요가 있습니다.

반면 베트남인을 대상으로 상품을 판매하려는 경우는 외주 공장과는 전혀 다른 상황입니다. 소비 인구가 많은 지역으로 확장이 되어야 하는 것은 너무도 명백한 결론일 것입니다. 이때 비로소 우리는 이 절의 제목이기도 한 "사업을 확장하려면 하노이가 좋은가요? 호치민이 좋은가요?"를 고민해야 할 시기라고 생각합니다.

이 고민을 해결하기 위해 가장 좋은 방법은 무엇일까요? 바로 각 지역의 사람들의 성격과 성향의 차이를 비교하고 기존에 진출했던 다양한 기업들의 성공과 실패의 사례를 잘 파악해보는 것이 중요하지 않을까요?

베트남 현지에는 "소득이 10이라면 하노이 사람은 1을 쓰고, 호치민 사람은 11을 쓴다"라는 속언이 있습니다. 베트남 현지인들에게서 들리는 이 말을 쉽게 간과할 수는 없을 것입니다. 실제로 두 지역의 다양한 통계를 보면 같은 국가임에도 많은 차이점을 볼 수 있는데, 하노이 지역의 사람들은 '미래'에 투자하고, 호치민 지역의 사람들은 '현재'에 소비하는 성향이 강합니다.

명품 브랜드에 대한 두 도시의 의식을 비교한 결과를 보면 두 지역의 인식 차이를 알 수 있습니다. 하노이 지역의 사람들은 82%가 성공적인 삶, 46%가 부유한 삶을 누리는 것, 22%가 과시 및 허세라는 인식을 가지고 있는 것에 비해서 호치민 지역의 사람들은 63%가 성공적인 삶, 18%가 과시 및 허세, 13%가 부유한 삶을 누리는 것이라는 관점을 가지고 있다고 합니다.

	하노이	호치민
❶	성공적인 삶 (82%)	성공적인 삶 (83%)
❷	부유한 삶을 누리는 것 (46%)	과시/허세 (18%)
❸	과시/허세 (22%)	부유한 삶을 누리는 것 (13%)
❹	좋은 안목을 지님 (6%)	좋은 안목을 지님 (9%)

◆ 명품 브랜드에 대한 인식조사(복수 응답. 자료원: 2012년 TNS Vietnam)

즉, 호치민 사람들보다 하노이 사람들이 명품을 소유함으로써 자신의 사회적 지위나 능력을 과시하고자 하는 욕구가 강하다고 판단할 수 있습니다. 이러한 상황을 반영하듯 두 도시의 1인당 GDP를 비교해 보면, 호치민이 $6,328, 하노이가 $5,196(베트남 평균 $3,521, 2020년 기준)로 호치민이 상회함에도 불구하고 최고가 자동차 브랜드 Rolls-Royce와

Lamborghini는 하노이에 지점을 두고 있으며, 루이비통은 1997년에 처음 베트남에 매장을 오픈하면서 하노이를 본점으로 삼았습니다. 호치민에는 2007년이 되어서야 지점이 생겼고 2013년에는 다시 하노이에 2호점을 개점했습니다.

다양한 분석 보고서에 의하면, 하노이와 그 주변 지역들은 공산주의 및 사회주의에서 파생된 집단주의 색채가 상대적으로 강하기 때문에 하노이를 중심으로 하는 북부지역의 소비자들은 같은 사회에 속한 구성원들의 의견을 크게 의식하고, 사회기준과 틀 안에서 인정받는 상품의 수요가 커졌다고 봅니다.

반면 호치민은 현재 자신이 속한 일상과 시간에서 즐거움을 찾으며,

◆ 베트남 대표기업 빈그룹(Vin group)의 계열사 중 하나인 빈컴센터

그 즐거움을 만족하기 위한 소비패턴이 발달되어 있다고 판단할 수 있습니다. 일례로 맥도날드, 스타벅스, 롯데마트 등의 소비생활과 관계된 기업들은 하노이가 아닌 호치민에 1호점을 진출하며 사업의 기반을 다져왔습니다. 실제로 호치민 지역은 ZARA, H&M, MANGO와 같은 SPA 브랜드나 스타벅스, 뚜레주르, 맥도날드와 같은 식음료(F&B) 산업이 더 활기를 띄고 있습니다.

◆ 빈컴센터의 화려한 내부 모습

여러 분석 보고서에 의하면, 호치민 지역의 사람들이 하노이와 다르게 새로운 상품에 큰 거부감이 없이 호기심으로 소비를 시도하는 경향을 갖는 이유를 1975년 베트남이 통일되기 전, 미국과 친근한 외교관계를 유지하며 외국 문물을 다양하게 수용하던 옛 사이공의 역사에서 기인했을 것으로 분석하는 경우가 많습니다.

실제로 이러한 성향은 베트남 현지 기업들의 마케팅 및 광고의 방향에도 반영이 되고 있습니다. 단편적인 예로, 익살스럽고 밝은 분위기의 광고는 북부보다는 남부의 억양으로 더빙이 됩니다. 한편 고급스럽고 진중한 콘셉트의 광고는 차분한 분위기 속에 북부억양으로 더빙이 되고는 합니다.

이렇듯 베트남으로 사업의 진출을 모색하고 있다면 해당 상품이 고급화 전략을 내세운 과시성향의 상품인지, 상품 자체의 기능과 품질로 차별화를 내세운 상품인지에 따라 두 지역을 구분하고 선택하여 공략해야 할 것입니다.

2 - 베트남 부동산이 핫하던데, 외국인이 부동산을 소유할 수 있나요?

대한민국 사람이라면 누구나 부동산에 관해 많은 관심을 갖습니다. 오죽하면 '조물주 위에 건물주'는 말이 있을까요? 그 정도로 많은 사람들이 건물주가 되어서 월세를 받거나 건물 가격이 올라서 부자가 되는 꿈을 꿉니다. 이러한 분위기에 정말 딱 맞춘 것처럼 베트남의 부동산은 가파른 상승곡선을 그려왔고, 최근에는 한국의 보통 사람들에게까지 베트남 부동산 투자라는 말이 들려오게 되었습니다.

베트남 부동산이 정말 좋은 투자상품이라고 유혹하는 듯한 문구들의 광고가 여기저기 보이기 시작하고, 많은 사람들이 해당 광고와 내

◆ 약 10,000세대 규모의 빈홈 센트럴파크 단지(Vinhomes Central Park), 2019년 기준 베트남에서 가장 높은 건축물인 랜드마크 81(Landmark 81)

용을 보면서 '나도 저렇게 투자해서 수익을 올릴 수 있을까?' 하는 궁금증을 갖게 되었습니다.

　그중에는 실제로 베트남으로 넘어갈 생각을 하고 있는 분도 있고, 막연하게 한국에 있으면서 베트남 부동산에 투자를 해볼 생각을 갖고 계신 분도 있습니다. 물론 이 책의 목적은 베트남으로의 부동산 투자를 다룬 책이 아니기 때문에 자세한 분석보다는 알려진 사실을 정리하는 정도로만 소개하도록 하겠습니다.

　베트남은 2014년에 부동산 시장에서도 특히 주거부문의 경기회복이 많이 이루어졌다고 봅니다. 다양한 건설 프로젝트가 재개되었고, 낮은 이자율 및 대출부담심리 저하로 새로 분양되는 아파트 수가 증가했습니다. 건설 분야에 대한 외국인직접투자의 유입자본 비율도 크게 증가했습니다.

◆ 호치민의 강남이라고 불리는 투티엠(Thủ Thiêm) 신도시 개발 계획

바로 다음 해인 2015년 베트남 부동산은 유례없던 호황기를 맞게 됩니다. 이 과정에서 많은 베트남 사람들이 부를 축적하면서 중산층의 비율이 크게 증가하는 계기가 되었고, McKinsey에 따르면, 하루에 최소 11달러를 소비할 수 있는 베트남의 중산층 소비자 계층은 2000년에는 전체 인구의 10% 미만이었으나 2023년 현재 40%까지 증가했습니다. 향후 계속 증가해 2030년에는 전체 인구의 75%를 차지할 전망입니다. 베트남은 현재 세계에서 부유층이 가장 빠르게 성장하는 국가로 꼽힙니다. 이 소문이 돌고 돌아서 한국의 다양한 분야의 사람들에게 베트남 부동산이 매우 활발하고 투자가치가 높다고 전해지고 알려지게 되었다고 생각할 수 있습니다. 그러나 부동산 경기라는 것은 세계경제 및 국가의 정책의 변화에 민감하게 반응합니다. 시대의 흐름에 따라서 부동산은 침체기가 올 수도 있고, 다시 호황기가 올 수도 있습니다. 투자 실시와 회수에 있어서 타 사업 이상으로 오랜 시간을 요구하게 되는 것이 부동산투자인 만큼, 시장의 변화에 즉각 대응하기가 어려운 영역입니다. 따라서 많은 자료조사를 통해 신중한 투자결정이 필요한 분야입니다.

부동산의 호황이 베트남 생활에 가져온 변화는 생각보다 다양합니다. 먼저 베트남 중산층이 늘어나면서 가족 구성에 변화가 생겼습니다. 중산층의 성장으로 핵가족화가 진행되었고 이것은 주거형태의 변화와 새로운 주거지에 대한 수요를 높였습니다. 2002년에는 한 가족 평균 구성원이 4.4명으로 3~4세대에 걸쳐서 함께 살았던 것에 비해, 2015년 기준 한 가족의 평균 구성원은 3.8명으로 현저히 감소했으며, 하노이 및 호치민 같은 주요 대도시는 3.4명으로 더욱 낮아졌습니다.

이러한 사실은 결과적으로 급성장하는 베트남 경제와 맞물려 건설업이 호황을 누리면서 수요와 공급을 충족할 아파트가 더욱 많이 건설되게 되었습니다.

이러한 결과는 외국인들의 투자도 다시 활발히 이루어지게 되는 계기가 되었다고 볼 수 있습니다. 한국에 비해서 비교적 저렴한 가격으로 좋은 입지에 위치한 아파트를 구입할 수 있다는 점과 임대수익률이 약 7~8% 정도로 높은 편이라는 이유로 한국인들의 베트남 부동산 투자가 많이 이루어졌습니다. 해당 수요에 맞춰서 베트남 여행에 부동산 투어가 합쳐진 패키지상품이 만들어졌으며, 한국 내외에서 베트남 부동산 투자 세미나가 빈번하게 열리고 있는 것도 관심이 높아졌다는 것을 보여줍니다.

더해서 2015년 7월을 기준으로 베트남의 부동산 관련 법령의 개정으로 외국인의 부동산 소유요건이 "베트남에 적법하게 입국한 외국인 개인이면 누구나 부동산을 구입할 수 있다"라는 내용으로 완화된 것은 외국인 투자를 염두에 두고 시행된 것인지는 알 수 없으나, 확실히 그 이후로 외국인들의 투자가 더욱 증가하게 되었습니다.

물론 이렇게 완화된 개정에도 신규 프로젝트의 경우에만 해당한다든지, 1개 아파트 동에서 30% 이내로만 외국인이 소유할 수 있다든지, 주택의 경우에는 지역구 내에서 250채 이하만이 외국인이 소유할 수 있다는 내용 등의 제약은 있지만, 확실히 이전에 비하면 많은 완화 요건들이 생겼다고 볼 수 있습니다.

물론 법령이 완화된 것과 별도로 여전히 베트남의 행정처리는 많이 미숙한 부분이 있습니다. 베트남의 등기부등본이라고 할 수 있는 '핑크북'이라고 불리는 것이 있습니다. 베트남은 공산국가의 특성상 부동산을 개인의 자산으로 종속한다는 개념보다는 국가가 허가한 기간 동안 소유권을 허락한다는 개념이 있습니다. 외국인의 부동산 소유에 대해서는 처음 50년간 소유권을 허락하고 이후 50년을 연장할 수 있다는 내용을 가지고 있습니다. 사실, 100년간 보유하는 아파트는 흔하지 않기 때문에 큰 의미는 없을지도 모르지만, 공산국가이기 때문에 기본적으로 재산에 관한 개념이 조금 다른 것은 사실입니다. 이러한 소유권을 보장하는 내용의 법적 서류가 핑크북입니다. 아직 행정 시스템의 미비 및 절차상의 지연으로 핑크북의 발급이 원활히 진행되지 못하는 점은 아쉬운 부분입니다.

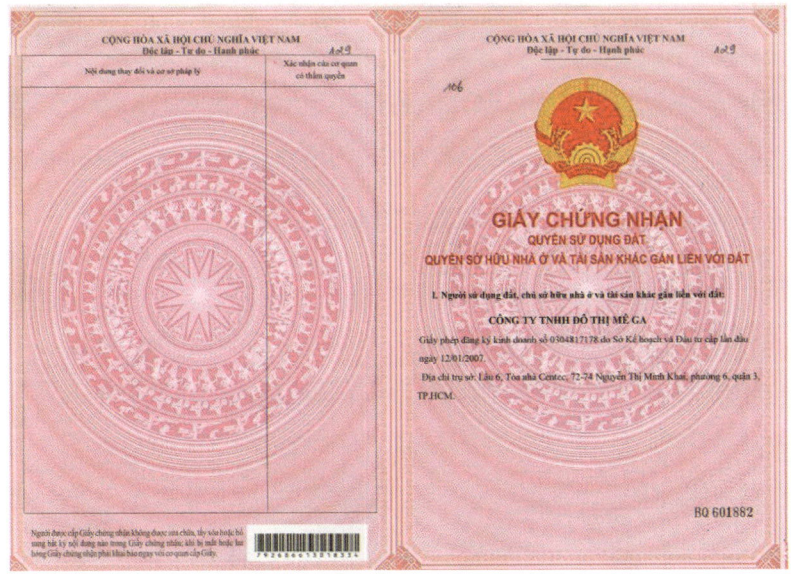

◆ 색깔 때문에 핑크북으로 불리는 주택 소유권 및 토지 사용 권리증
(giấy chứng nhận quyền sử dụng đất)

이런 상황에서도 계속해서 신규 프로젝트는 진행되고 있고, 고급형 아파트와 빌라가 많이 분양되고 있습니다. 한국의 건설사들도 베트남에 많이 진출해 있는데, 호치민 2군의 투티엠(Thủ Thiêm)지역의 롯데에코시티, 7군 집합 내에 있는 푸미흥(Phú Mỹ Hưng)지역의 GS건설 등 대기업부터 중소기업까지 베트남에서 다양한 건설사업 및 부동산 사업을 진행하고 있습니다.

그러나 조심스러운 부분도 있습니다. 임대수익률의 경우 공실을 고려하지 않고 산출하기 때문에 실제 수익과는 차이가 생길 수 있습니다. 특히나 최근 들어 베트남에 여러 고급 아파트들이 건설되면서 예전과 다르게 다양한 수준의 아파트 공급이 증가하고 있습니다. 다만, 수요는 그에 미치지 못하기 때문에 공실률이 증가할 가능성은 상당히 높습니다. 그러다보면 당연히 수익률은 급격히 감소하게 되겠지요.

따라서 베트남 부동산 투자를 결정할 때는 대출이 불가능하기 때문에 실제 생활할 용도로 투자를 하거나 그 정도 돈은 묻어두어도 상관없는 경우라면 투자하는 것도 좋다고 생각합니다. 다만, 그 외에 무리해서 투자하는 것은 권장하고 싶지는 않습니다.

3 - 베트남에서 회사를 만들려면 반드시 베트남사람이 필요하다고 하던데, 그게 맞나요?

베트남이라는 나라로 진출하여 회사를 창업하려고 하면 가장 먼저 조사하는 것이 외국인이 현지에 회사를 만드는 것이 법적으로 가능한 가입니다. 사실 외국의 법을 정확히 안다는 것도 쉽지 않고, 해당 국가의 국민이 아니면 빠르게 변화하는 그 나라의 법을 다 아는 것 또한 쉽지 않습니다.

베트남은 외국인 명의로 개인사업자를 내는 것은 불가능합니다. 대신 법인형태로 설립을 해서 사업을 진행할 수 있습니다. 예전에는 이러한 법인을 설립하는 데 있어서 외국인이 100% 지분을 가지고 투자하는 것이 법적으로 불가능했습니다. 그러나 베트남에는 한국인이 많이 진출해 있는 만큼 한인타운이 형성되어 있어서 한국식당이 많이 설립되기 시작했습니다. 그렇게 식당창업은 활발히 이루어졌고 2015년 이후 베트남에서 식당설립은 100% 외국인 투자회사 설립이 허용이 될 만큼 법제재가 완화되어 있습니다.

요식업과 같이 많이 진출한 분야는 장기적으로 외국인 100% 지분을 법적으로 허가하는 추세이지만 아직은 법인을 설립할 때 외국인 지분과 베트남 현지인 지분이 일정 비율로 필요한 경우가 많이 있습니다.

물론 그러다보니 법인 설립과정에 많은 서류 제출이 필요하고 사업허가(투자허가서와 사업자등록증)를 받아서 법인설립까지 해야 비로소 각 분야의 사업을 시작할 수 있는 자격이 얻어지는 만큼 번거롭고 시간이 매우 오래 걸립니다. 사업허가를 받기 위해 매장을 임대했다면 그 시간 동안 임대료와 같은 부대비용이 지출되는 것은 더욱 부담스럽기 마련입니다. 더욱이 식당이나 카페같은 요식업으로 진출하고자 한다면 식품안전위생 증명서라든지 소방증명서, 주류 취급에 따른 허가서 등의 다양한 서류를 추가로 발급받아야 하는 만큼 시간과 비용이 들어갑니다.

그러다보니 소자본 창업의 경우 법인설립이 부담스럽고 어렵기 때문에 아직도 많은 사람들이 베트남 현지인 명의를 빌려서 개인사업자로 장사를 시작합니다. 다만 이 경우 주의할 점은, 장사 혹은 사업이 잘 풀려서 돈을 벌었을 경우 명의자와 실사업주의 관계가 서로 간의 의견차이와 분쟁으로 틀어지는 경우를 자주 볼 수 있습니다. 따라서 사전에 준비하여 잘 대처하는 것이 중요합니다. 베트남 사람 명의로 진행할 계획이라면, 베트남인 명의로 법인을 설립한 후, 법인장 격으로 자신의 이름을 등록한다면 소유권의 문제에서 큰 분쟁을 피할 수 있을 것입니다.

이렇게 등록만 한다면 큰 무리없이 사업을 진행할 수 있을까요? 추가로 세금 문제도 발생할 수 있습니다. 특히 외국인이라면 합법적인 세금 외에도 추가적인 지출이 생길 수 있습니다. 예전에는 뗏(TET)과 같은 베트남의 큰 명절을 앞두고 외국인 영업장을 어슬렁거리는 베트남 공안들도 자주 발견할 수 있었습니다.

그렇다면 베트남으로 진출을 하고 싶은데 베트남 지인이 없어서 개인사업자를 낼 수 없다면 어떻게 해야할까요? 포기하기엔 이릅니다.

다른 방법을 찾아보면 외국인 명의로 사업자를 낼 때, 1인 유한회사로 설립을 합니다. 설립한 후에 주식회사로 변경한다면 큰 무리없이 베트남에서 사업을 진행할 수 있을 것입니다.

현지에 소자본 창업을 위해 한국인 법무사들이 수수료를 받고 창업 과정을 도와주는 업체들이 있으므로 이 서비스를 이용하여 알아보는 것이 정확하게 창업이 가능하므로 안심하고 사업에만 전념할 수 있습니다. 이런 서비스의 수수료가 아깝다고 생각해서 모든 창업과정을 직접 해결하려는 분들이 있습니다. 자칫 말도 통하지 않는 나라에서 작은 돈을 아끼려다 큰 손해를 볼 수도 있습니다.

다만, 세금은 명확히 알고 운영해야 합니다. 법인으로 운영하는 경우 과세소득에 법인세 20%가 적용되고, 현지인 명의로 사업을 하는 경우에는 개인소득세율 5~35%가 적용이 됩니다.

개인사업자들이 하는 많은 실수 중에 한 가지가, 창업을 위해 큰 돈을 들여올 때 환치기 수법을 활용하는 경우가 있습니다. 그런데 이 과정은 나중에 예상치 못한 데서 문제가 될 수 있습니다. 따라서 정식으로 회사를 만들어서 투자금을 납입하는 방식을 활용하는 것을 추천합니다.

설립하려는 회사의 자본금은 미리 베트남 내의 은행에 계좌를 만들어서 그 계좌로 돈을 입금한 후 사업자 등록을 내는 순서를 거치면 됩니다.

기업이 자본을 들여서 베트남 법인으로 진출하고 싶다면 외국인 법인으로 바로 등록을 하면 됩니다. 베트남에서는 특정 단체가 국가로부터 공업단지를 허가를 받아 운영하면서 기업들에게 돈을 받고 땅을 빌려주며 관리하는 역할을 하고 있습니다. 이 공단 내 직원들이 사업 등록 및 허가절차를 도와주기도 하므로 어느 지역으로 진출할지 결정했다면 해당 공단 운영자와 사전에 연락을 하여 진행하면 무리가 없을 것입니다.

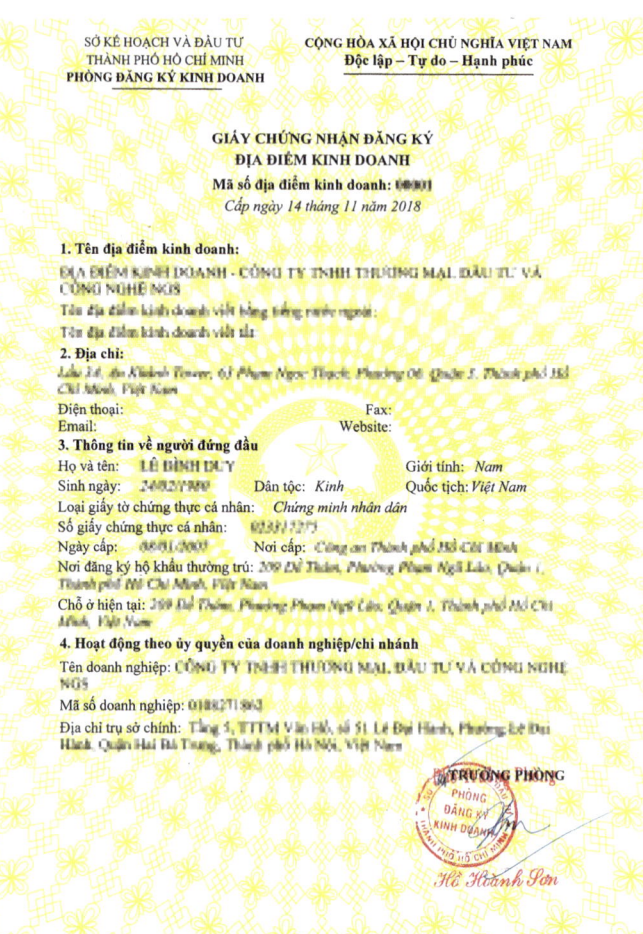

◆ 베트남 사업자등록증(Giấy chứng nhận đăng ký địa điểm kinh doanh)

4 – 베트남에서 사업을 확장하는 것이 바람직할까요?
: 신구가 공존하는 베트남 시장

베트남이라는 나라는 남북으로 길게 뻗어 있는 나라입니다. 지역에 따라서 기후가 많이 다르고, 사람의 성향 또한 많이 다릅니다. 이렇게 다양하기 때문에 특정 분야가 베트남에서 확실히 가능성이 있다고는 섣불리 말할 수 없지만, 과거의 베트남이 발전해 온 경제 방향과 현재의 베트남의 소비시장 및 정치 경제 문화의 흐름을 살펴본다면 충분히 예측을 할 수 있지 않을까 생각해봅니다.

★ 제조업 위주의 경제 발전

지금까지 베트남 경제를 이끈 산업은 값싼 노동력을 중심으로 이루어진 제조업이었습니다. 따라서 섬유, 봉제산업, 오토바이 부품, 전

◆ 베트남 북부 박닌(Bắc Ninh)성에 위치한 삼성 공장

자제품과 같이 생산에 인력이 많이 필요한 분야의 기업들의 공장이 많이 진출해 있습니다.

이 분야에 외국인 투자자본이 많이 유입되었고, 유입된 자본 및 일자리 창출로 베트남 경제는 높은 성장을 이룰 수 있었습니다.

여기에 더하여 최근 부동산 경기의 급속한 성장을 신호탄으로 다양한 외국 투자자본이 추가로 유입되었을 뿐 아니라 베트남 내의 국내외의 건설기업이 급속도로 성장하게 되었습니다. 이에 따라 부동산 중개업 및 인테리어 회사도 활발하게 성장하고 있습니다.

베트남 정부는 노동집약적 산업 경제구조를 변화시키려는 목표를 가지고 '신성장 산업 발굴', '산업의 고부가가치화' 등을 위한 정책을 펼치고 있고, 또 계획하고 있습니다.

'하이테크 산업 육성', '스타트업 지원', '신재생 에너지 개발', '관광인프라 개발', '부품 현지화율 증대' 등이 대표적인 정부의 정책이라고 할 수 있습니다.

★ 1억 베트남인의 주머니를 겨냥한 F&B, 유통 사업

현재 베트남에는 다양한 글로벌 프랜차이즈가 진출해 있습니다. 한국의 많은 프랜차이즈 식당들도 한류열풍에 힘입어 진출해 있으며, 개인 한국식당 및 한식 레스토랑도 활발히 운영되고 있습니다.

이와 더불어 SPC의 파리바게트, CJ의 뚜레쥬르 등의 한국식 브랜드 빵집 겸 카페가 진출해 있으며, GS편의점이 진출하여 매장에서는 한국의 과자, 아이스크림 등의 식품류를 수입하여 판매하고 있습니다. 다양한 한국 스낵류는 현지의 마트에서도 쉽게 발견할 수 있습니다.

그러나 이렇게 소비시장의 잠재성이 크다고 하더라도 베트남으로 진출한 요식업 브랜드 중에 실적이 기대 이하인 사업자들도 적지 않습니다.

결국 현지에서 성공하기 위해서는 면밀히 준비하고 조사를 해야만 합니다. 현지인들의 입맛에 맞도록 현지에 맞춘 맛을 찾아야 할 것이고, 더해서 가격 또한 한국을 기준으로 생각해서 판매를 해서는 경쟁력을 가질 수 없습니다.

재료를 현지에서 조달할 수 있는지, 한국에서 조달을 해와야만 하는지 등에 대해서 면밀히 조사하고, 매출액을 증대시키기보다 실제로 순수익을 증대시키는 방향으로 접근을 해야만 실제로도 사업이 정상적으로 운영이 될 수 있습니다.

◆ 베트남 진출에 성공한 CJ 빌딩 (호치민 위치)

한국의 스낵류를 수입해 간다면 실제로 현지에서 판매될 가격을 충분히 고려하여 현지 스낵류와 비슷한 카테고리의 스낵이 있는지, 해당 스낵의 가격경쟁력이 있는지, 수입신고를 진행할 경우 세금 및 통관에 문제가 생기지 않을지에 대해 충분히 고려하여 진행할 것을 권하고 싶습니다.

실제로 베트남 현지에서는 시세이도, 로레알, LG생활건강 등의 익숙한 이름의 브랜드들이 베트남 화장품 시장의 대부분의 카테고리에서 높은 시장점유율을 차지하고 있습니다. 아무래도 원산지가 불분명한 위조제품의 유통이 많기 때문에 베트남 소비자들은 해당 화장품의 품질을 충분히 신뢰할 수 있는 유명 브랜드 위주의 화장품을 소비하기 때문인 것으로 추정할 수 있습니다. 개인마다 취향의 차이는 있겠지만, 베트남 소비자들은 위 브랜드와 같이 프랑스, 한국, 일본에서 수입된 화장품은 믿고 사용할 수 있다는 신뢰를 가지고 있습니다. 높은 한류 인기와 더불어 한국 방송매체의 영향력 덕분에 한국 제품은 현지 소비자들과 바이어들 사이에서 가장 선호되는 제품이라고 분석되고 있습니다. 특히 과거부터 하얀 피부가 아름다움과 직결되는 중요한 요인으로 꼽혀온 만큼 미백제품은 꾸준히 사랑받고 있습니다.

한편 베트남 화장품 업계 관계자들의 전언에 따르면 천연 원료가 함유된 제품들이 인기를 끌고 있으며, 많은 베트남 소비자들이 코코넛, 우유, 꿀, 과일 등으로 만들어진 천연 화장품과 허벌(herbal) 화장품을 선호한다고 합니다.

★ IT 보급률

베트남은 최근 들어 다양한 IT산업이 발전해가고 있습니다. 크게 두 가지 방향에서 접근을 해볼 수 있는데, 첫 번째는 실제로 국민들에게 보급된 인터넷 통신의 보급률이고 또 하나는 국가가 주도하는 통신산업의 진행 및 관심도로 접근해 볼 수 있을 것으로 생각됩니다.

베트남 사람들에게 공급된 통신수단으로는 인터넷과 스마트폰 두 종류가 대부분을 차지하고 있으며, 건물 및 가게마다 손쉽게 와이파이를 이용할 수 있는 공간이 증가하고 있습니다.

최근 LTE급의 무선통신망이 설치되었으며, 인터넷망 또한 영상, 사진 등의 콘텐츠를 무리없이 이용할 수 있을 정도의 속도로 발달해 왔습니다.

베트남 사람들의 일주일간 평균 인터넷 사용시간은 15.5시간으로 이 수치는 지속해서 증가하고 있습니다. 더하여 중저가의 스마트폰이 대중에 급속히 보급됨과 동시에 가계소득의 증가로 스마트폰을 활용한 온라인 콘텐츠 소비율은 매년 성장하고 있습니다.

콘텐츠 소비와 함께 베트남 국민들의 소비성향도 크게 변화하고 있습니다. 스마트폰의 보급으로 GRAB, BE, GoViet 등의 스마트폰 어플리케이션을 통한 승객 운송서비스가 활발히 사용되고 있으며, 온라인 서비스를 활용한 오프라인 결제 서비스도 꾸준히 증가하고 있습니다.

더하여 베트남 소비자들의 온라인 쇼핑의 비율 역시 꾸준히 증가하고 있습니다. 구글이 발표한 Vietnam Consumer Barometer에 따르면 베트남 소비자의 80% 정도가 오프라인으로 물건을 구매하기 전에 인터넷 검색을 통해 제품의 정보를 조사하고 있습니다. 베트남 온라인 산업 및 디지털 경제 부서에서 발간한 2022년 베트남 전자상거래 백서에 따르면, 베트남 소매전자상거래 시장 규모는 약 164억 달러에 달한다고 합니다. 이 규모는 베트남 전체 소비재 및 서비스 소매 판매액 대비 B2C 전자상거래 매출 비중이 7.2~7.8%로 5년전 대비 2배 가량 증가한 수치입니다.

또, 베트남 전자상거래 협회의 Nguyen Thanh Hung 회장에 따르면, 최근의 성장세가 지속될 경우, 2025년 베트남 전자상거래 시장 규모는 490~560억 달러에 달할 것으로 전망된다고 합니다.

2022년 베트남 전자상거래 백서에 따르면, 베트남 전체 인구의 약 60% 정도에 해당하는 6,000만 명 정도의 소비자가 온라인 쇼핑을 하고 있는 것으로 조사되었습니다. 그리고, 1인당 연간 온라인 구매액은 285달러로 이는 전년대비 14%가 증가한 수치입니다.

베트남 개인 소비자들의 콘텐츠 소비량은 지속적으로 증가할 것이며, 온라인을 활용한 다양한 새로운 서비스를 접하는 데 두려워하지 않는 성향이 있다고 분석할 수 있습니다.

이에 더하여 베트남 정부는 '지속가능한 도시화'라는 목표로 스마트시티 개발에 박차를 가하며, 실제로 이러한 인프라 개발의 수요가 지속적으로 증가하고 있습니다. 이를 해소하기 위해 정부는 스마트시티 개발을 베트남 경제발전의 중심축으로 삼고 효율적인 도시 관리와 도시 문제들을 해결하고자 부단히 노력하고 있습니다.

정부의 스마트시티 건설에 관한 견고한 입장은 곧 신도시 개발 프로젝트의 증가를 의미하며 이에 따라 베트남 인프라 개발 수요는 더욱 증가할 것으로 예상됩니다. 특히 교통, 기상, 통신, 농업, 환경, 에너지,

헬스케어, 전자정부 등의 분야를 집중해서 개발할 것으로 전망하고 있습니다.

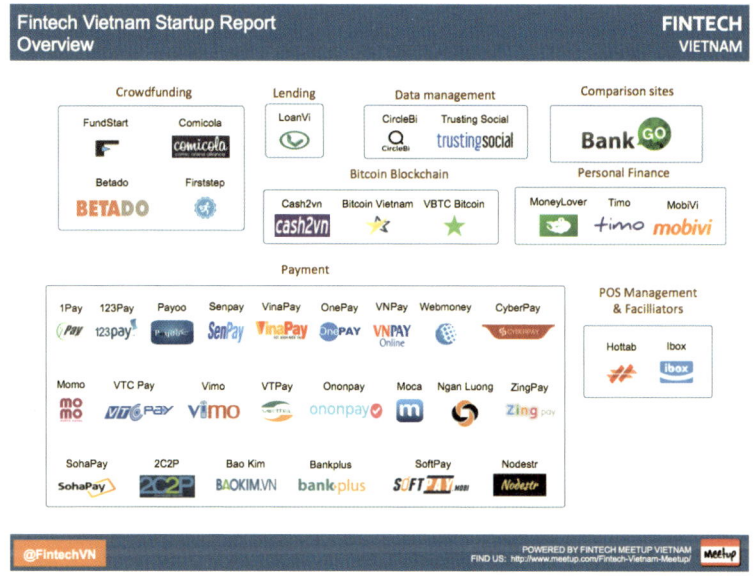

◆ 베트남 핀테크 스타트업 로고들

5 - 베트남 직원들 어때요?
: 성향, 직업군 / 연봉 및 복지

해외로 진출하려는 기업들이 진출준비를 거의 마치고나서 마지막으로 고민하는 부분이 바로 현지 사람들에 대한 걱정입니다. 국가마다 사람들의 성향이 다르기 때문에 혹시나 문제를 일으키지 않을지, 우리와는 다른 어떠한 부분으로 곤란한 일이 생기지는 않을지 걱정을 합니다.

그러나 이런 걱정에 앞서서 먼저 조언을 하고 싶은 부분은, 사람은 국적불문 사람마다 정말 다르다는 점입니다. 한국 회사의 한국 직원들도 모두가 같지 않은 것처럼 베트남이라는 나라의 사람들도 모두 같은 성향을 갖고 있지는 않습니다. 누군가는 성실하고 누군가는 똑똑하며 누군가는 그렇지 않기도 합니다.

하노이, 호치민과 같은 대도시에서 근무하는 직원들은 대부분 영어나 한국어 등의 외국어가 가능한 직원들이 상당수 있는 편이고, 대학을 졸업한 고급인력 또한 많습니다. 최근에는 호주나 일본, 한국 등의 해외로 유학을 다녀온 사람들도 상당수 있어서 인재를 섭외하는 것이 예전처럼 어렵지만은 않습니다. 또 전반적으로는 정이 많고 한국 문화에 관심이 많기 때문에 한국 기업 및 사람에 대해 호의적인 편입니다. 하지만 일보다는 가정이 중시되는 사회 분위기가 있어서 대체적으로 일에 대해서 책임감이 한국 사람의 기준에 비해서는 조금 부족할 수 있으며, 그러다 보니 주어진 일만 해결하려는 경향이 있기도 합니다.

특히, 지방에 위치한 회사나 제조업 공장에서 근무하는 직원(공인)

들의 경우에는 고등교육을 받지 못한 사람이 많고, 외국어나 기술이 부족한 사람이 많아서 인사 및 관리에 어려움이 발생하는 경우가 있습니다.

비록 기본적으로는 손재주가 좋고 습득이 빠른 편이어서, 직원고용 후 교육을 시켜서 일을 진행할 수 있지만, 이들을 교육시키는 데 시간과 비용이 많이 발생할 수 있어서 기업의 적절한 조율이 필요할 것으로 예상됩니다.

 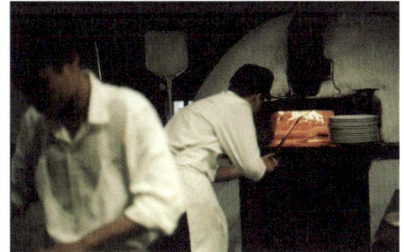

◆ 젊고 손재주가 좋은 베트남 사람들

베트남 직원들을 관리할 때, 주의해야 할 것은 베트남 사람들은 자존심이 강한 특성이 있기 때문에 많은 사람들 앞에서 혼을 내는 듯한 행동은 매우 좋지 않습니다. 또, 부당한 대우를 받는다고 여기게 되면 개인이 아닌 단체로 시위하거나 파업을 하는 경우가 있으므로 직원들의 복지나 대우에 대해서도 충분히 고려해서 베트남 진출의 계획을 준비해야만 할 것입니다.

03

재직중인 회사가 베트남으로 사업을 확장합니다

03 재직중인 회사가 베트남으로 사업을 확장합니다

1 - 우리 회사에서 베트남 장기파견을 권유하는데, 거기 살아보니 어때? 살만하니?

◆ 베트남의 수도 하노이 호안끼엠(Hoàn Kiếm) 호수 중간에 위치한 응옥선 사당(Đền Ngọc Sơn)

한국에서 직장을 잘 다니던 중 베트남으로 장기파견을 권유 받는다면 상당한 고민을 할 수밖에 없습니다. 특히나 한국인에게 베트남은 한국보다 아직은 경제 문화적 수준이 상대적으로 낮은 나라라는 이미지를 가지고 있습니다. 더하여 국내에서도 다른 지역으로 전근을 가게 되면 다른 지역의 낯설음에 적응하기가 쉽지 않은데, 완전히 다른 국가에서 그것도 정보가 많지 않은 현 상황에서 파견의 권유를 받아들이는 결정을 하기가 쉽지 않습니다.

가정이 있다면 가족을 데리고 가도 괜찮을지, 안전할지, 가서 아이의 교육은 어떻게 해야 할지 수많은 고민과 걱정을 시작하게 됩니다.

그런데 베트남에서 오랜 시간 지내본 결론으로는 충분히 지낼만하며, 베트남이어서 더 특별한 상황이 만들어지는 것은 아니라는 것입니다.

우선 한국에 비해 물가는 상대적으로 저렴한데, 회사에서는 파견을 하면서 급여뿐만 아니라 주거비, 교통비, 자녀교육에 관련된 기본적인 비용을 지원해주는 경우가 많기 때문에 한국에 비하면 경제적인 면에서 상대적으로 여유롭게 지낼 수 있습니다. 물론 국제학교를 보내

◆ 오토바이와 차가 어우러져 다니는 베트남 도로의 모습

거나, 고급 아파트를 임대하거나 호텔이나 고급 레스토랑을 주로 활용하는 등의 낭비를 일삼을 수 있다는 얘기는 아닙니다.

그러나 보편적으로 베트남에 장기 파견 중인 분들의 말을 빌어보면 처음에 베트남으로 발령받은 남편의 회사를 원망하던 아내들이 시간이 지날수록 베트남의 생활에 만족하며 결과적으로 상황이 바뀌어 베트남 근무를 더 연장하라고 종용하는 경우가 많이 있다고 합니다. 이럴 정도이니 베트남이라는 나라에서 살아간다는 것에 관하여 큰 걱정을 할 필요는 없을 듯 합니다.

하지만 베트남 생활에 있어서 어려움이 없지는 않습니다.

아무래도 빠르게 성장하는 나라답게 도시는 역동적입니다. 새로운

◆ 베트남 아침 출근 풍경

건물이 올라가고 사람들은 바쁘게 움직입니다. 아침 일찍 하루를 시작하는 나라이기에 오전 6시부터 차와 오토바이 클랙슨 소리로 도시가 어지러이 돌아갑니다.

더하여 흥이 많은 민족인 만큼 각 집에 노래방 장비를 갖추고 밤낮을 가리지 않고 문을 활짝 열어둔 채 노래를 부릅니다. 도로에는 노점상들이 많아 길을 막기도 하며 길가에 아무렇게나 버려진 쓰레기가 악취를 풍기기도 합니다. 하수도 정비가 잘 되어 있지 않아 비가 오기 시작하면 도로가 금세 침수되기도 합니다. 오랜 시간 동안 오토바이에 알맞게 도로가 만들어져 왔기에 빠르게 증가하는 자동차 수를 감당하지 못해 교통체증이 유발되기도 합니다. 일처리는 느리면서 자신의 일은 빠르게 처리되길 원해서 새치기가 만연합니다.

이러한 일들이 반복되고 있는 나라에도 많은 변화는 일어나고 있습니다. 하노이나 호치민시는 대도시이기 때문에 쇼핑몰, 대형마트, 놀이공원을 갖추고 있으며, CGV, 롯데시네마와 같은 한국 영화관이

◆ 호치민 외곽에서 바라본 호치민의 스카이라인

진출해 있으며 다양성은 조금 부족하지만 한국 영화를 상영하기도 합니다.

국가적으로는 곧 메트로가 운행될 예정에 있으며, 공공버스 및 대중교통의 활성화에 힘을 쏟고 있습니다. 자동차의 증가에 맞춰 도로를 지속적으로 정비하며 인프라 구축에 많은 투자를 하고 있어서 시간이 지남에 따라 조금씩 좋아지는 베트남의 모습을 봅니다.

음식도 한국인 입맛과 크게 다르지 않고, 정서가 비슷하고, 한류 덕분에 한국사람에 대해 호의적인 베트남이라는 나라는 어쩌면 살맛 나는 생활을 제공할지도 모릅니다.

2 - 베트남 비자를 어떻게 받아야 할까요?

대한민국 국적 소유자는 베트남을 여행할 경우 15일간 무비자로 입국이 가능합니다. 즉, 입국하는 날짜로부터 15일을 더한 날짜가 무비자 기간이지요. 2023년 5월부터 대한민국 국적 소유자는 베트남을 여행할 경우 30일간 무비자로 입국이 가능합니다.

> **참조** : 베트남정부가 외국인관광객 유치 확대를 통한 관광산업 회복 촉진을 위해 추진중인 새 비자정책이 확정돼 2023년 5월 국회에서 처리되면 즉시 시행될 예정.
>
> 전자비자 체류기간 현행 30일 → 90일 연장, 복수입국 허용, 대상국 확대
> 무비자 체류기간 현행 15일(통상) → 30일 연장, 대상국 확대

다만, 베트남 공항의 입국심사에서 여권에 찍어준 도장의 날짜를 기준으로 하기 때문에 심야비행기로 베트남을 간다면 날짜를 잘 계산해야 합니다. 물론 입국심사에서 입국을 허가받으려면 15일 이내에 베트남에서 다른 나라로 출국하는 항공권이 있어야만 허가를 해 줍니다.

베트남 재입국 규정에 대하여 헷갈리는 분들이 많이 있습니다. 이는 베트남에 한번 입국을 하고 출국을 했다면 30일 이내로는 재입국이 불가능했던 30일 규정 때문입니다. 2015년 시행된 베트남의 30일 규정은 베트남을 무비자로 방문 후 출국하게 되면 30일이 지나지 않은 상태에서는 다시 무비자로 재입국이 불가능한 규정입니다.

그러나 코로나 시기를 거치면서 외국인 관광객이 급감했고, 관광산업이 어려워지자 베트남 정부는 51/2019/QH14호 시행령을 발표하

며 해당 규정, 즉 30일 규정을 폐지했습니다.

따라서 현재는 30일이 경과하지 않아도 무비자로 재입국이 가능합니다. 다만 베트남 무비자 관련 규정은 또 변동될 수 있으므로, 출국 전에 반드시 세부 사항을 확인하셔야 합니다.

베트남 비자를 신청해서 발급받는 방법으로는 한국에서 베트남 비자를 신청해서 발급을 받는 방법과 베트남에 도착해서 랜딩(도착)비자를 받는 방법이 있습니다.

랜딩비자의 경우 베트남에 입국할 때 현지에서 비자를 발급받기 때문에 입국시 대기시간이 길어진다는 단점이 있지만 한국에서 비자를 발급받는 것에 비해서 비용이 저렴한 편입니다.

먼저 한국에서 베트남 비자를 신청하고 발급받는 방법으로는 다음 세 가지로 정리해 볼 수 있습니다.

1. 대사관에 직접 방문하여 신청하기

비자신청에 필요한 서류를 준비해서 베트남 대사관에 직접 방문해서 신청하는 방법입니다. 아무래도 직접 움직이는 만큼 신경쓰고 준비해야 할 것이 상대적으로 많습니다.

2. E-visa

2017년부터 베트남 이민국 홈페이지(https://evisa.xuatnhapcanh.gov.vn/)에서 직접 온라인으로 비자를 신청하는 것이 가능해졌습니다.(30일 전자비자 기준으로 금액은 25USD입니다.)

3. 베트남 비자 대행 사이트 이용

대행 사이트는 복잡한 서류작업을 대신 해주고 그만큼 수수료를 받는 역할을 합니다. 편하다는 장점만큼 비용지출이 있다는 단점이 있지만, 필요한 서류준비에서 누락이 없고 확실하게 진행할 수 있다는 점은 장점으로 작용하겠습니다.

베트남 도착비자(랜딩비자)를 받는 방법으로는 현지 베트남 회사를 통해서 발급받는 방법입니다.

보편적으로 여행사에서 진행하는 경우가 많지만, 최근에는 부동산이나 종합컨설팅회사 등에서도 취급을 하고 있습니다. 공산주의 국가들은 기본적으로 상용비자의 발급에는 기업의 초청장이 필요합니다. 베트남도 랜딩비자의 경우 기업의 초청장이 필요하기 때문에 해당 서류를 준비해야 합니다.

랜딩비자를 베트남 회사를 통해서 발급받을 경우 일반적으로 필요한 서류는 다음과 같습니다.

1. 베트남 입국일 및 입국 도시
2. 여권 앞면 사진
3. 초정장 / 비자신청서 전달(해당 서류를 베트남 공항의 입국 심사대 통과 전에 비자 사무소에 제출해야 합니다.)

보통은 3~7일 정도의 기간이 필요하니 여유를 가지고 비자를 진행해야 합니다.

베트남에 15일 이상 거주하기 위해 필요한 베트남 비자의 종류로는 크게 관광비자와 상용비자가 있습니다.

기간마다 단수 혹은 복수 비자를 발급받을 수 있으며, 대행사 수수료와 출입국 사무소 제출 비용(스탬프비용)이 달라집니다. 아래 표로 비자의 종류와 기간, 예상되는 여행사 수수료, 스탬프비용을 정리해 놓으니 참고하면 좋을 것 같습니다. 스탬프비용은 베트남 입국시 출입국 사무소에 직접 지불하는 비용으로 고정비용이지만, 여행사 수수료는 비자발급 대행에 들어가는 여행사 비용이므로 여행사마다 다를 수 있습니다. 물론 수수료는 회사마다 천차만별이지만, 비용이 너무 저렴하다면 사기가 아닌지 의심해 볼 필요는 있습니다.

종류	기간	단수 / 복수	여행사 수수료	스탬프비용
관광비자	1개월	단수	$6~8	$25
		복수	$12~15	$50
	3개월	단수	$12~15	$25
		복수	$18~22	$50
상용비자	1개월	단수	$50~55	$25
		복수	$55~60	$50
	3개월	단수	$65~70	$25
		복수	$80~85	$50
	6개월	회사 없음	$250~260	$95
	1년	회사 없음	$420~430	$135

비자를 발급받았다면 그 다음에 해결해야 할 것이 거주증입니다. 거주증은 베트남에 거주하는 것을 베트남 정부로부터 허가받는다는 것입니다. 장기체류를 위해서는 거주증이 반드시 필요합니다. 임시거주증(the tam chu, 유효기간 1-2년) 발급은 노동허가증(Work permit)이 있어야 발급이 가능합니다. 노동허가증 발급을 위해서는 여권, 범죄경력증명서, 경력증명서, 대학졸업증 사본 등의 공증이 필요하고 대부분은 회사에서 진행해주기 때문에 필요한 서류만 제출하면 됩니다. 거주증은 여권에 별도로 표시되는 것이 아니라 주민등록증처럼 별도로 발부되

므로, 발급 후 베트남 출입국시 여권과 함께 임시거주증을 반드시 제시해야 합니다.

　베트남은 사회주의체제이기 때문에 조심해야 할 부분이 많습니다. 특히 비자를 준비할 때에 유의해야 할 점은 관광과 비즈니스 등의 목적과 체류기간에 따라 꼼꼼하게 따져봐야 합니다. 베트남 진출을 계획한다면 비즈니스(상용) 비자를 준비해야 합니다. 사업, 취업, 시장조사, 은행 계좌개설, 계약서 작성, 법인설립 등 방문기간 동안 수익이 발생하거나 계약서를 작성하는 경우가 비즈니스 비자에 해당합니다. 간혹 이를 어기고 관광비자로 비즈니스와 관련된 행동을 하다가 적발이 되는 경우 베트남 출입국에서 벌금을 무는 경우도 있기 때문에 철저하게 대비해야 합니다. 단순하게 벌금만 지불하고 끝나면 다행이겠지만, 언어 소통이 원활하지 않은 나라에서 상당한 곤욕을 치를 수 있기 때문에 가급적 해외에서 업무를 진행하는 경우에는 해당 국가의 법을 지키는 것이 좋습니다.

　외국인에 대한 은행서비스는 무비자, 관광비자로도 은행에서 계좌를 개설하는 것이 가능합니다. 또한 현금카드를 발급받을 수도 있습니다.

　그러나 적금계좌 개설 및 신용카드의 발급은 상용비자 혹은 거주증을 필요로 하며, 대출의 경우 외국인은 비자, 거주증의 만기일까지 대출금을 상환하는 조건으로 실행되기 때문에 대출실행에 관해서 각자 계획을 잘 세워야 할 것입니다. 물론 해당 내용은 일반적인 내용이고 각 은행마다 조금씩 다른 정책을 가지고 있기 때문에 은행에 직접 확인을 해보는 것이 필요합니다.

Ảnh - photo
4x6 cm
See notes
(2)

Mẫu (Form) NA1
Ban hành kèm theo thông tư số 04/2015/TT-BCA
ngày 05 tháng 01 năm 2015

TỜ KHAI ĐỀ NGHỊ CẤP THỊ THỰC VIỆT NAM (1)
VIETNAMESE VISA APPLICATION FORM
(Dùng cho người nước ngoài – For foreigners)

1- Họ tên (chữ in hoa):..
   Full name (in capital letters)
2- Giới tính: Nam ☐ Nữ ☐   3- Sinh ngày.......tháng.......năm...............
   Sex   Male   Female   *Date of birth (Day, Month, Year)*
4- Nơi sinh:...
   Place of birth
5- Quốc tịch gốc: ....6- Quốc tịch hiện nay:.........................
   Nationality at birth   *Current nationality*
7- Tôn giáo: ....8- Nghề nghiệp: ....
   Religion   *Occupation*
9- Nơi làm việc: ....
   Employer and business address
10- Địa chỉ thường trú:..
    Permanent residential address
....Số điện thoại/Email:............................
                                      Telephone/Email
11- Thân nhân *Family members*:

Quan hệ (3) *Relationship*	Họ tên (chữ in hoa) *Full name (in capital letters)*	Giới tính *Sex*	Ngày tháng năm sinh *Date of birth (Day, Month, Year)*	Quốc tịch *Nationality*	Địa chỉ thường trú *Permanent residential address*

12- Hộ chiếu/giấy tờ có giá trị đi lại quốc tế số: ....loại (4): ....
    Passport or International Travel Document number   Type
    Cơ quan cấp: .... có giá trị đến ngày:......../........./...............
    Issuing authority: Expiry date (Day, Month, Year)
13- Ngày nhập cảnh Việt Nam gần nhất (nếu có): ....
    Date of the previous entry into Viet Nam (if any)

◆ 비자신청서 양식

14- Dự kiến nhập cảnh Việt Nam ngày ...../......./.........; tạm trú ở Việt Nam ....ngày
    Intended date of entry (Day, Month, Year)   Intended length of stay in Viet Nam   days
15- Mục đích nhập cảnh: ....
    Purpose of entry
16- Dự kiến địa chỉ tạm trú ở Việt Nam:..
    Intended temporary residential address in Viet Nam
17- Cơ quan, tổ chức hoặc cá nhân tại Việt Nam mời, bảo lãnh
    Hosting organisation/individual in Viet Nam
    Cơ quan, tổ chức: ....
    Name of hosting organisation
    Địa chỉ: ....
    Address
    Cá nhân (họ tên) ....
    Hosting individual (full name)
    Địa chỉ...
    Address
    Quan hệ với bản thân ....
    Relationship to the applicant
18- Trẻ em dưới 14 tuổi đi cùng hộ chiếu (nếu có):
    Accompanying child(ren) under 14 years old included in your passport (if any)

    | | | Ảnh - photo 4x6 cm (under 14 years old) See notes (2) | Ảnh - photo 4x6 cm (under 14 years old) See notes (2) |

Số TT	Họ tên (chữ in hoa)	Giới tính	Ngày tháng năm sinh
No	*Full name (in capital letters)*	*(Sex)*	*Date of birth*

19- Đề nghị cấp thị thực: một lần ☐   nhiều lần ☐
    Applying for a visa   Single   Multiple
    từ ngày: ..../......./.......... đến ngày........../......./..........
    valid from (Day, Month, Year) to (Day, Month, Year)
20- Đề nghị khác liên quan việc cấp thị thực (nếu có):......................................
    Other requests (if any)
    ....

    Tôi xin cam đoan những nội dung trên là đúng sự thật.
    I declare to the best of my knowledge that all the above particulars are correct

                    Làm tại: .... ngày ....tháng ....năm ....
                    Done at   date (Day, Month, Year)
                        Người đề nghị (ký, ghi rõ họ tên)
                        The applicant's signature and full name

3 – 베트남에 한국 사람 많이 살아? 제대로 된 병원은 있어?

◆ 호치민의 한인타운 푸미흥 지역의 지도.
이를 통해 한인들을 위한 여러 편의시설이 잘 갖추어져 있음을 알 수 있다

15만 명.

어느 정도의 숫자인지 쉽게 감이 오지 않습니다.

한번 한국의 도시와 비교를 해보겠습니다.

2017년 인구주택 총 조사 자료에 따르면 151,852명의 사람이 살고 있는 도시가 국내에 있습니다. 바로 경기도 의왕시. 가보신 분들도 있겠지만, 경기도 의왕시는 교통이 발달되어 있고 서울 및 지방과도 접근성이 좋으며 사람들이 살아가기 좋은 도시입니다. 무려 대한민국

162개 도시중에 60번째로 인구가 많은 도시이기도 합니다.

베트남에는 약 15만~20만 명 혹은 그 이상의 한국인들이 거주하고 있습니다.

물론 베트남의 한국인들이 한곳에 모두 모여 사는 것은 아니지만 대부분의 한국인들이 특정 지역에 모여서 살아갑니다.

북부지역 대도시 하노이의 '미딩'과 남부지역 대도시 호치민의 '푸미흥'이라고 부르는 지역입니다. 이렇게 많은 한국인들이 모여살다 보니, 이 지역에는 이마트, 롯데마트, GS25 편의점과 같은 편의시설부터 CGV, 롯데시네마와 같은 문화시설이 진출해 있을 정도로 한국인들이 살아가기 편한 환경이 조성되어 있을 정도입니다.

◆ 한국인을 위한 각종 편의시설이 잘 갖추어져 있는 한인 타운의 모습

실제로 많은 한국인들은 불편함 없이 롯데마트에서 한국 음식을 장

볼 수 있으며, 파리바게트 혹은 뚜레쥬르에서 손쉽게 빵과 커피를 구입할 수 있습니다.

한국인들이 밀집된 만큼, 한국인을 위한 외식문화도 발달되어서, 삼겹살, 육개장, 곱창 등과 같이 한국인들이 해외에서 먹고 싶어지는 다양한 음식들을 식당에서 자유롭게 사먹는 것이 가능할 만큼 한국인들이 모여 사는 지역에는 수많은 한국식당이 운영되고 있습니다.

특히나 외국에 거주하게 되는 한국인들의 큰 걱정은 자녀들의 교육 문제입니다. 나중에 대학을 잘 보낼 수 있을지, 베트남이라는 나라의 교육을 신뢰할 수 있을지, 혹시 한국으로 돌아갔을 때 아이들이 한국 교육과정을 잘 소화할 수 있을지 부모님들은 걱정이 앞서게 됩니다. 그러나 한인타운에는 그러한 부모님들의 걱정을 잠재울 만큼 피아노, 태권도, 미술, 영어, 수학 등 한국인이 운영하는 다양한 학원들이 있습니다.

실제로 아이들 등하교 시간에 맞춰서 한인타운이나 경남타워(2007년 경남기업이 하노이 시의 복합 문화단지 건설의 일환으로 착공하였으며, 이후 2011년 완공하여 그동안 베트남의 최고층 빌딩이었던 호치민 시의 비텍스코 파이낸셜 타워를 제치고 베트남 최고층 빌딩의 자리에 올라섰음. 그러나 경남기업의 여러 사태로 매각되어 2016년 4월 29일 에이오엔비지엔에 100% 인수됨.) 근처를 거닐다 보면 한국어가 쓰여 있는 다양한 학원 이름의 봉고차나 미니버스들을 만날 수 있습니다.

의, 식, 주가 어느 정도 해결되고, 교육에 관한 걱정이 해소되고 나면, 이제 '갑자기 아프면 어쩌지?' 하는 걱정이 듭니다. 아플 때 병원에 가서 말이 안 통해서 제대로 진료를 받을 수 없으면 어떻게 할지 상상만해도 아득해집니다.

그러나 인구 15만 명 이상의 거주라는 말은 그 위력이 작지 않습니다. 한국인 의사들이 한의원, 병원을 운영하기도 하고, Family medical 같은 국제병원도 있으며, 치과, 성형외과까지 진출해 있을 만큼 의료시설 또한 잘 갖추어져 있습니다.

심지어 대형 병원 같은 경우 한국인들의 편리한 이용을 위해 한국어가 가능한 직원을 고용하기도 할 정도로 베트남이라는 사회는 한국 사람이 거주하기 편안한 환경이 구축되어 있습니다.

4 - 남편이 베트남으로 주재발령을 받아서 급하게 가야 하는데, 뭘 사가야 할지 모르겠어. 거기 필수품은 다 파니?

◆ 한국제품을 판매하는 마트들이 있어 웬만한 상품은 베트남 현지에서 구매가 가능하다

해외에 거주하기 위해, 혹은 여행으로 출국한 경험이 있다면 음식에 대학 걱정이 앞섭니다. 과연 그 나라의 음식에 적응할 수 있을지, 위생은 안전할지 고민합니다. 특히 목적지가 선진국이 아니라면 더욱 걱정이 됩니다.

베트남은 한국 사람들이 느끼기에 후진국이라는 이미지가 있습니다. 상대적으로 낮은 임금과 오래전 사진에서 보던 이미지를 떠올립니다.

그런데 실제로는 그렇지 않습니다. 하노이, 호치민과 같은 대도시는 높디 높은 빌딩의 숲을 이루고 있으며, 신축 빌딩과 아파트들이 건축되어져 갑니다. 신흥 부자들이 하노이와 호치민의 도시를 바꿔가고 있습니다. 베트남에도 한국인들이 필요로 하는 생필품부터 공산품들이 판매되고 있으며, 15만의 교민이 살아가는 도시인 만큼 한국의 대기업들이 진출해 있기 때문에 어지간한 생필품은 손쉽게 구매할 수 있습니다.

그 옛날 부모님 세대에 해외 파견을 나가면 김치가 없고, 고추장이 없어서 바리바리 한 짐 짊어지고 먼 길 떠나던 시절은 더 이상 현재 생활상과는 맞지 않는 실정이 되었습니다. 현지 마트에서 한국 고추장, 된장, 김치부터 한국 과자에 이어 한국에서 직접 수입해 온 아이스크림까지도 손쉽게 구매할 수 있습니다. 한국 대기업의 식품들은 베트남으로 연이어 수입되고 있으며, 한인 사회에서는 삼겹살, 곱창과 같이 이전에는 해외에서 한국사람이 찾기 힘들었던 메뉴의 식당까지 운영되고 있습니다. 또한 칫솔, 비누, 샴푸와 같은 기본적인 생필품부터 소파, 의자, 식탁과 같은 생활 가구까지도 저렴하고 손쉽게 구매할 수 있습니다. 어쩌면 한국에서 가지고 있던 물건들을 해외이사로 가져가는 것보다 훨씬 저렴하고 편리하게 구매할 수 있을 것입니다.

그럼에도 불구하고 꼭 필요해서, 또는 너무 아끼는 물건들이어서 베트남으로 가져가고 싶다면, 한국에서 베트남으로의 컨테이너 이사를 대행하는 업체들이 많아졌습니다. 해당 업체들에 견적을 의뢰하고 진행하는 방법도 있습니다.

　베트남으로 급하게 파견되어 가는 것에 느껴지는 생필품과 생활에 대한 걱정은 사실 낯선 나라로의 진출이라는 두려움에서 오는 걱정이 아닐까 생각해봅니다.

5 – 처음에 가서 어디에 살아야하지? : 숙소 구하기

◆ 한국인이 경영하는, 혹은 한국어를 할 수 있는 현지 직원이 있는 부동산에서
다양한 서비스를 제공한다

주재원으로 파견을 가게 되든, 혼자 살기 위해 무작정 떠나든, 베트남어를 배우기 위해 유학을 가든 가장 먼저 해결해야 할 것은 바로 살 곳 즉 숙소 구하기입니다.

하루이틀 정도의 여행이라면 레지던스나 호텔에서 머물기 때문에 걱정이 없지만, '산다'라는 입장에서 접근하기에 거주지는 매우 중요합니다. 베트남은 물가에 비해서 거주비용이 높은 편입니다. 외국인들이 많이 거주하는 지역에 위치한 신규 아파트의 경우는 방 2개 ~ 3개 정도의 경우 월 600 ~ 3,000달러 정도의 비용이 형성될 정도로 높습니다.

물론 로컬지역의 허름한 숙소는 저렴한 곳을 찾을 수 있습니다. 그러나 주재원의 경우 보통 가족과 함께 가고, 회사에서 일정 부분의 거주비용이 지원이 되기 때문에 로컬지역의 접근을 염두에 둘 필요는 없을 것 같습니다.

그러다 보니 주재원으로 파견을 나가는 분들은 거주지를 결정하는 데 보통 자녀 교육 문제를 두고 고민하는 경우가 많습니다. 주재원들은 회사가 미리 진출해 있어서 회사측이 지정해 주는 숙소를 사용하는 경우가 있습니다. 이 경우는 당연히 비용에 대한 고민이나 생활 가구에 대한 고민 없이 가족이 바로 들어갈 수 있다는 장점이 있지만, 자녀가 교육을 받아야 하는 나이라면 거주지의 위치와 교육의 혜택이 조금 동 떨어질 수도 있습니다. 신혼부부나 아이가 정말 어리거나 오히려 자녀들을 다 키워서 각자 자신의 역할을 해내는 주재원 분들에게는 큰 어려움은 아닐 것 같습니다.

자녀가 학교를 다녀야 하는 경우에는 자녀교육을 우선해서 위치를 고려해서 선택을 합니다. 보통은 한인지역에 국제학교와 한국인 대상의 학원들이 있기 때문에 가장이 장거리 출퇴근이나 주말부부 생활을 하며 아이들 교육을 중심으로 거주를 마련하곤 합니다.

그러나 어디까지나 가능성의 이야기를 다루고 있기 때문에 실제로 선택은 파견을 가는 당사자의 상황에 맞춰서 달라질 수 있을 것입니다.

반면에 베트남으로 혼자 무작정 떠나왔거나 베트남어를 배우려는 학생의 경우는 지원이나 수입이 많지 않기 때문에 정해진 비용 안에서 충분히 좋은 숙소를 찾아야 하므로, 계획한 전체 비용에서 거주비용의 지출비중을 고민해서 지역을 선정하면 좋을 것 같습니다.

의외로 Airbnb라든지 한국인 전용으로 숙소를 빌려주는 게스트하우스들이 하노이와 호치민에 많이 있습니다.

하노이에 미딩이라는 한국인이 모여 사는 지역을 돌아다녀보면 한 달에 어느 정도 비용을 받는다고 한국어로 쓰여진 레지던스를 어렵지 않게 볼 수 있습니다.

◆ 임시로 거주하기 좋은 원룸/스튜디오 레지던스 사진 (월세 약 400-600USD)

주변에 1주일에서 1개월 간격의 장기출장을 떠나는 분들을 보면, 괜찮은 에어비앤비의 경우 평균적으로 하루에 한화로 35,000~60,000원, 호텔이나 서비스아파트에 투숙하는 경우 하루에 50,000~100,000원을 지출하고 있습니다.

또한 한국인 출장비율이 높아지면서 한국어를 잘하는 직원을 고용한 호텔들이 상당수 있으며, 요즘은 호텔 예약 어플리케이션을 통해서 실제 가격보다도 더 저렴하게 예약도 가능하니 참고하면 좋을 것 같습니다.

6 - 베트남 물가가 어때?

베트남의 물가가 정말 저렴하다고 많이들 생각합니다. 여행을 다녀온 사람들도 느끼고, 실제로 찾아보면 가격이 많이 저렴합니다. 그런데 구체적으로 얼마나 저렴할지를 알아보지 않으면 의미가 없겠지요?

보편적으로 로컬시장의 과일, 야채, 고기, 음료 등은 한국과 비교해서 30~50%정도의 수준으로 저렴한 편입니다. 로컬의 쌀국수 집은 4만동~7만동(한화 2,000~3,500원) 수준이며, 정식집은 4만동~8만동(한화 2,000~4,000원) 수준입니다.

시내 고급 레스토랑이나 깔끔한 식당은 베트남 현지에서 운영하는 경우는 한국보다 약 30~40%정도 저렴하고 한국인이 운영하는 한식당의 경우는 한국과 비슷한 수준의 가격을 형성하고 있습니다. 한국인이 운영하는 곱창가게나 삼겹살의 경우 실제 가격이 한국과 비슷해서 다른 해외에 나가서 한식을 먹는 것과 비교하면 저렴하다고 할 수도 있으나, 현지 물가와 비교해서는 비싼 편입니다.

◆ 베트남 맥도날드와 스타벅스의 메뉴판

◆ 사진들을 통해 알아보는 베트남 마트의 현지 물가

한국에 이마트, 롯데마트, 홈플러스와 같은 대형 마트가 있는 것처럼 베트남에도 대형 마트들이 있습니다. 한국에서 진출한 롯데마트가 있으며, 이마트도 진출했습니다. 더하여 베트남 대기업인 빈 그룹에서 운영하는 빈마트와 같은 대형마트가 있습니다.

대형마트의 물가는 한국보다 상당히 저렴한 편입니다. 가장 흔하게 비교할 수 있는 지표를 보면, 코카콜라가 1만동(500원)가량이며 베트남 맥주도 약 1만동 정도에 판매가 되고 있습니다.

육류가 상당히 저렴한 편이어서 돼지고기 삼겹살 같은 경우는 100g에 1만5천동~2만동(750~1000원)정도에 판매가 되고 있어서 한국보다 저렴하게 구매할 수 있습니다.

더하여 주위에서 어렵지 않게 편의점 및 지역형 소규모 마켓들도 찾아볼 수 있으며, 슈퍼마켓의 개념으로 운영이 되는 현지 마켓 역시 찾아볼 수 있습니다. 그리고 로컬가게라고 하는 가게들은 소위 길거리 포장마차로 운영되는 가게들로 코코넛 주스, 다양한 과일주스 등을 판매하고 있습니다.

로컬가게에서 판매하는 주스들은 약 1만동~2만동(500~1000원) 선에서 판매를 하고 있다보니 상대적으로 물가가 저렴하게 느껴지는 것도 사실입니다.

다만, 베트남이라는 나라의 입장에서 보면 딸기, 귤과 같은 베트남 기후에 맞지 않는 과일들은 아무래도 수입을 해야 하기 때문에 상대적으로 가격이 비싸게 형성되어 있습니다.

더해서 한국 식품의 경우 상당히 빠른 속도로 수입되고 있으며 소비량도 상당히 많은 편입니다. 그러다 보니 오히려 한국에서 새로 출시된 식품들을 베트남에서 바로 접하는 상황도 생기게 됩니다.

　베트남에서의 생활은 어떻게 생활을 하느냐에 따라 다르지만, 한국에서 생활한 수준의 생활을 유지할 경우 한국에서보다 약 20~30% 저렴한 소비생활이 가능하다고 기준을 잡으면 무난할 것 같습니다.

04 얼어붙은 한국의 취업시장을 벗어나 베트남으로 취업을!

1 - 한국에서 취업에 어려움을 겪고 있어요. 베트남 취업시장은 어떤가요? 한국인 많이 뽑나요?
: 베트남 내 한인의 직업군 / 연봉 및 복지

요즘 한국의 젊은이들이 새로운 세상을 꿈꾸지 못하고 있습니다. 취업이 어려운 한국에서 살면서 꿈이 작아진 한국 젊은이들의 정서에 맞춰졌기 때문일까요? 새로운 도전을 하는 방법을 배우지 못해서일까요? 2030세대들은 부모님 세대들의 지원을 받으며 열심히 살아왔습니다. 그렇게 대학교를 졸업하고 취업준비를 했으나 취업난 시대 속에서 적은 연봉과 고단한 업무 사이에서 끊임없이 자신의 인생에 회의감을 갖습니다. 누군가는 갈망하지만 누군가에게는 희망이 없는 일자리라는 알 수 없는 인생.

그렇게 많은 젊은 열정들이 사그라져 갑니다.

이러한 국내의 상황을 일찌감치 벗어나는 사람들이 있습니다. 여유가 있는 사람들은 호주로, 미국으로 떠나고, 가까운 나라 일본으로도 갑니다. 해외취업에 도전하는 것입니다. 그또한 확실하지 않은 시장에서 살아남기 위해 언어를 새로 배우며 모험하는 발버둥치는 삶일 수도 있지만, 적어도 한국보다는 훨씬 나을 거라는 기대를 갖고 떠납니다.

이러한 관점에서 베트남이라는 시장을 바라볼까 합니다.

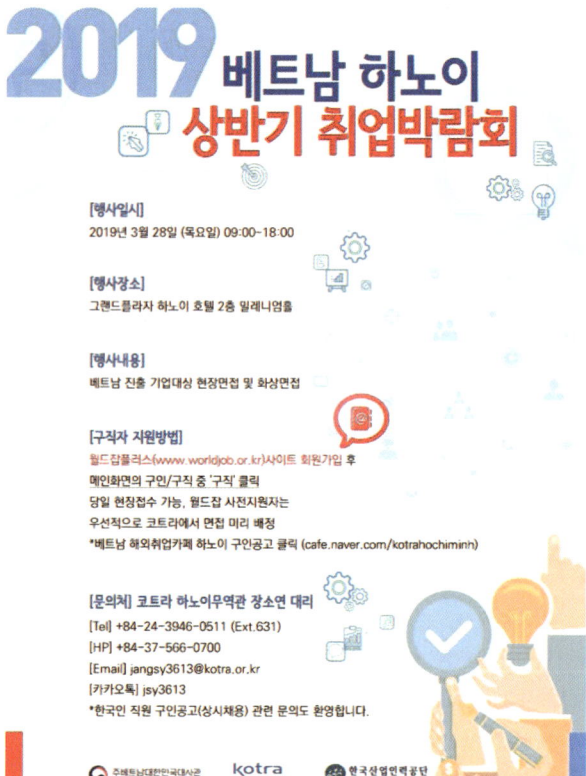

　　우리가 주춤주춤하는 사이에 베트남에도 이미 수많은 기업들이 진출했고, 다양한 사람들이 어우러져 살아가고 있습니다. 5년 전쯤만해도 베트남어만 가능하면 베트남 주재원으로 보내거나 혹은 필요에 따라서 관리자로 채용해서 보내기도 할 정도로 베트남 내에서 그리고 베트남을 향한 취업시장은 호황이었습니다.

　　아직 베트남이라는 나라에 대해 생소해 한국의 젊은이들이 많이 지원하지 않은 탓이기도 하겠지요.

이렇게 진출한 사람들과 기업들이 현지에 고용문화를 만들기 시작합니다.

그렇게 형성된 현지의 한인 직업군은 크게 제조, 물류, 유통·서비스(교육), IT스타트업으로 구성됩니다. 제조 분야는 주로 전자업체와 봉제업체의 제조 부문으로, 전자업체는 삼성전자, LG전자가 진출하면서 해당 업체에 부품을 납품하는 협력업체들이 동반 진출하여 형성된 경우가 많습니다. 봉제업체는 업계 특성상 기본적으로 인건비 지출이 상당히 큰만큼 국내 대부분의 봉제업체는 생산 공장을 베트남으로 이전하여 운영하고 있을 정도로 큰 비중을 차지합니다. 미원이나 CJ같은 식품 제조공장도 있기는 하지만 아직은 그 비중이 작은 편입니다.

또한, 한국의 제조기업들이 많이 진출해 있다 보니 물류 회사가 성장할 수밖에 없는 구조가 되었습니다. 한국 기업을 대상으로 서비스를 제공하기 위해서는 한국 직원을 고용하는 것이 필수적인 구조이기 때문에 해당 직업군이 성장하게 된 것이지요. 여기서의 물류 업무는 배송서비스가 아니라 통관, 세관의 비중이 크게 자리하고 있습니다.

반면 최근에는 국내의 다양한 유통 및 서비스 업체들이 공장이 아니라 베트남의 1억 내수시장 및 한인 소비시장을 점유하기 위해 진출하는 추세입니다. 이러한 업체들이 베트남에 진출할 때 베트남 현지 사정을 잘 아는 사람들을 고용하게 되므로 너무도 당연하고 자연스러운 일입니다.

이렇게 한국 기업들이 많이 진출하면서 지난 5년 동안 한국 국내에도 베트남은 떠오르는 시장으로 널리 알려지게 되었고, 많은 한국인들이 베트남으로 취업을 위해 진출하게 되었습니다. 이러한 과정에서 자연스럽게 취업시장에서의 수요와 공급 법칙이 작동하기 시작하였고, 구직자가 늘면서 한국인의 베트남 내 취업 형태가 변화하고 있습니다.

 베트남어를 잘하지 못해도 취업이 가능했지만 이제는 베트남어를 하지 못하면 취업이 불가능하다든지, 동일 직종이나 동일 직책의 임금이 줄어들게 되었다든지 하는 상황이 발생하기 시작했습니다.

◆ 2018년 취업박람회에서 면접을 보는 모습

 더하여 베트남에 진출한 외국기업들에게 베트남 사람이 충분히 할 수 있는 일이라면 외국인보다 베트남 사람들을 더욱 적극적으로 고용하게 하려는 정부의 의도가 작용했다고 볼 수밖에 없는 구조들이 형성되어 왔습니다. 한국인이 베트남 취업비자를 받는 자격 조건이 까다로워진 것입니다. 현재 한국인이 베트남에서 노동허가서(work permit)

를 받기 위해서는 베트남에서 3년 이상 근무한 경력이 있거나, 한국에서 동종업계에 5년 이상 근무한 경력이 있는 전문가의 경우만 노동허가가 나오도록 법을 강화했으며, 전문가 인증의 경우에도 업무 내용에 따라서 노동허가가 나오지 않는 선례들이 등장하기 시작했습니다.

자, 그렇다면 베트남의 취업시장도 한국처럼 어려워졌으니 도전하지 말라는 의도로 이 책을 쓰는 것일까요? 그렇지 않습니다. 오히려 현재의 베트남 취업시장을 정확히 분석했으니 앞으로 베트남으로 취업할 때 어떻게 방향을 계획하고 도전해야 하는지, 어떻게 해야 미래에 더 발전된 자신을 마주하게 될지에 대해서 전달하고 싶은 것입니다.

그 답은 바로 발상을 전환하라는 것입니다. 한국인이라고 해서 한국에서만 취업할 수 있다는 생각을 깨야 하듯이, 한국인이라고 해외에서 반드시 한국 기업에 취업한다는 생각에서도 벗어나보는 것입니다. 베트남은 한국뿐만 아니라 세계에서 많은 관심을 받는 나라입니다. 즉, 베트남에는 한국 기업뿐만 아니라 이미 많은 외국 기업들이 진출해 있습니다. 이제 베트남으로 진출한 외국기업 혹은 베트남 현지 기업에서 한국시장의 전문 담당자가 되는 것을 노려보는 것입니다. 한국에서 오랜 시간 살면서 느꼈던 한국 시장 상황을 해외의 업체들에게 제안하고 비즈니스를 성사시키면서 자신의 커리어를 쌓고 베트남 시장도 익혀가는 것입니다.

필자 역시 베트남 주재 한국회사, 베트남에 진출한 독일 기업에서 한국 시장 전문가로 근무한 경험이 있습니다. 그리고 현재는 베트남 하노이에서 복합문화공간을 운영하고 있습니다.

현재 베트남에는 15만 명 이상의 한국인이 살고 있으며 9,000개가

넘는 한국기업들이 진출해 있습니다. 즉, 베트남 내의 한국 시장 자체도 외국 기업들에게 관심의 대상일 수 있다는 것입니다. 또한 베트남 기업들 중에는 한국 시장을 벤치마킹하려는 회사들이 많이 있습니다. 이 경우, 베트남 기업이 주도적으로 한국 시장을 벤치마킹하기는 쉽지 않습니다. 언어부터 시작해서 시장조사를 하는 것이 여간 힘든 일이 아니지요. 이런 역할을 한국 사정을 잘 아는 여러분이 맡아 할 수 있습니다. 생각을 바꾸고 베트남 취업 시장에 접근한다면 분명 5년, 10년 후에 누구보다 베트남 내에서 큰 성장을 이룬 사람이 되어 있을 것입니다.

어떤 기회도 거저 주어지지 않습니다. 해당 업무를 수행하기 위해서는 당연히 한국 시장의 전문가가 되어야만 합니다. 한국 시장의 구조, 한국 소비자의 성향, 한국의 현재 트렌드에 대한 이해, 한국 소비자의 니즈 등의 흐름을 파악하기 위해 노력해야 하며, 한국어, 영어, 베트남어를 구사할 수 있도록 충분히 준비를 해야 할 것입니다.

◆ 베트남 진출 기업 로고

천리길도 한걸음부터라는 말이 있지요.

무작정 베트남으로 넘어간다고 해서 베트남 기업들이 반겨주지 않습니다. 한국 기업도 무조건 귀한 인재를 모셔가듯 대하지 않습니다. 그런 대접을 받기 위해서는 자신의 역량이 그 정도가 되어야 하겠지요. 다만, 그 역량이 되었을 때, 한국보다 훨씬 값진 대우를 받을 것입니다.

갓 대학을 졸업한 경우라면, 베트남어를 배우면서 베트남으로 진출한 기업들을 물색하여 취업을 한 후에 베트남 발령을 받는 경우가 가장 위험부담이 적은 방법일 것입니다. 반면에 도전할 의욕이 조금 더 크다면, 현지에 와서 1년~2년 정도 베트남 생활을 경험하면서 언어를 익히고 문화를 경험해서 현지로 진출한 한국기업 혹은 외국기업에 취업을 도전하는 것도 좋은 방법이 될 것입니다.

★ 베트남내의 연봉 및 복지

주재원은 회사 내부 규정에 따르고, 경력직은 어떤 직종과 경력인지에 따라 천차만별이기 때문에 가장 기본이 되는 신입을 기준으로 소개하도록 하겠습니다.

직종	월 급여 (USD)	주거	비고
물류	2500~3000	주거비 지원	
유통 및 서비스	2500~3000	주거비 지원	
제조	3500~5000	기숙사 지원	
외국계 기업 영업	3000~4000	주거비 지원	외국계 기업은 경력직 선호

유통/서비스/물류 직군의 경우 타 직군에 비해서 상대적으로 월 급여가 적습니다. 해당 직군의 경우 대부분 하노이 혹은 호치민에 회사가 있는 씨티잡(City Job)으로 대개의 한국 젊은이들은 해당 직군을 선호합니다. 그러다 보니 자연스레 수요가 공급보다 많아지게 되어 월 급여는 낮아지게 됩니다.

반면 제조업의 경우 시내에서 상당히 떨어진 곳에 위치하다 보니 기숙사 생활을 하게 되고, 유흥을 즐기지 않는다면 실제로 저축할 수 있는 돈의 비중이 높습니다. 그러나 한국에서 나고 자란 젊은 세대는 지방에서의 공장생활이 익숙하지 않아서 힘들어하는 사람들이 많습니다.

참고할 수 있도록 2023년도에 실제로 게재된 구인공고를 몇 개 샘플로 담아보았습니다. 이를 통해서 베트남에서 현재 어떤 직종과 직무를 담당할 인력이 필요한지, 그리고 회사에서 필요로 하는 역량이 어떤 것들인지 살펴보는 데 도움이 되었으면 좋겠습니다.

	업종: 봉제 공장
근무지	Thanh hoa
업무	생산 및 재무 관리 (회계 전공 우대)
외국어	베트남어 및 영어 필수 (현지인들과 업무 가능한 수준)
근무	주 6일
경력	베트남 법인 회계관련 경력 우대
학력	대졸
급여	면접 시 협의 (연봉 약 4,500~6,000만원 선)
수습기간	3개월
복지	• 차량지원: 주말 차량 제공 • 기숙사 지원 • 기혼자일 경우 시내 거주 시, 주택보조비 일부 지원 • 퇴직금 지급 • 취업비자 발급지원 • 항공권제공: 연 2회 • 개인연차: (입사 1년 후)15일, (1년 미만) 1개월 당 1일 사용 가능

	업체: 삼성 1차 밴더
포지션	파트 장(현지채용)
근무지	박린, 박장, 옌퐁
관련업무	생산 / 품질
자격	성별무관, 학력무관 경력2년 이상, 나이 30세 - 36세
채용조건	현지채용 (급여 + 집 보조 + 출퇴근 차량 지원)
급여	면접 시 협의(월급 세후 4백정도)
기타	필요 시 기숙사제공

업체: 덴마크계 물류사	
지역	하노이
업무	고객사 CS / 물류업무
외국어	베트남어 우대(초급지원 가능), 영어(메일 회신 수준 정도)
근무	주6일(성수기 때는 유동적)
경력	2-3년 주니어급
성별	남녀 무관
나이	85년생 이후 출생 자(필독)
학력	대졸이상
취업비자	발급지원
항공권제공	연 1회
통근차량	교통편이 가능한 지역 주거 시 출퇴근 차량 지원 가능
급여	협의
수습기간	1~3개월(근무평가에 따라 상이)
복지	1년 이상 장기 근속 시 구정 보너스 100% 및 휴가비 지원(연차별 상이)
기타사항	이력서에 희망연봉 기재

포지션: IT 서비스 관리기획

직급	대리 ~ 과장급
근무지역 / 조건	호치민 Binh Thanh(공항근처)지역 / 주5일 근무 (09:00-18:00) 계약직(프로젝트 별 혹은 1년 단위 계약) 연봉은 면접 후 결정/ 결과에 따른 인센티브 보장
직무	• 웹/앱 서비스 구축: 웹/앱 서비스 전반에 대한 설계 • B2C 서비스 기획 업무 / UI & UX업무 • 관리업무: B2C 고객관리 및 서비스 통계 관리, 현지직원(4명 이상) 관리 및 프로젝트 관리
자격요건	• 웹/앱(온라인서비스) 개발/운영 6년 이상 경력자 • 비즈니스 영어(초급이상): 기본적인 업무 커뮤니케이션에 문제 없어야 함
우대조건	• 프로젝트 수행 및 PM 경험자우대 • 온라인 교육 컨텐츠 기획관리 우대 • JAVA, net 플랫폼, DB 개발 가능 자 • 고객지향적이고 적극적, 긍정적 마인드 보유자(커뮤니케이션)

업종: 면세점 공사/공무 담당

연봉	(세 전)4,000~5,000 만원
경력	3년 이상 (대리-과장급)
업무내용	• 매장 레이아웃 및 공사 관리 • 신규 매장 공사 및 견적 관리 • 한국 본사 및 베트남 공사업체 간 커뮤니케이션 • 공사 관련 계약 관리 등
근무지	베트남 나트랑
언어	영어 업무 가능 자(필수, advanced level), 베트남어 가능자 우대
우대사항	인사관리 경험 우대

근무형태	2개월 수습기간 → 정규직 전환
복리사항	• 연 1회 왕복 항공권 지급 • 급여에 하우징 포함

※베트남 노동법에 따라 수습기간 2개월은 본래 월급의 85%만 수령

진행절차	서류 접수 → 1차 면접(총무매니저-한국어) → 3차 면접(COO-한국어)

업체: 손해보험 사무소

채용 직무	마케팅
근무지	호치민 1군 Vincom Center Office
근무시간	주 5일(8:00~17:00)
채용 인원	총 1명
직무 상세	보험 계약 & 고객관리(화재보험, 상해보험 위주) 의료보험 클레임 관리 월별 계약리스트 update(본사 제출용)
요구사항	• 공통 조건: 4년제 대학교 졸업자 • 언어 능력: 영어 중상(비즈니스 회화 가능) 베트남어 필수는 아님 한국인 고객관리, 서비스마인드 경험 필요/ 손해보험업계에 관심이 있으신 분 추천
급여	협의(능력 및 연차에 따라 다름)
복지	1년 1번 비행기표 지원, 1년에 휴가 20일 보장 (여성분 2.5일 추가 생리휴가 있음)

업체: 유엔인권정책센터	
근무지	베트남 및 국내
업종	NGO
직무 / 직무상세	• 베트남파견활동가: 결혼이주여성상담, 교육, 대외협력 등 사업시스템 구축 및 운영 • 국내활동가: 사업기획, 홍보업무, 해외사업장 지원 및 관리 신입 및 경력 지원 가능
근무조건	협의(능력 및 연차에 따라 다름)
문의 및 접수	kocun_@kocun.org 베트남활동(왕복 항공료, 여행자보험, 체류비자 지원), 국내 (4대보험 지원)

업체: 의류벤더 세일즈 오피스	
근무지	베트남 동나이 (호치민 시내에서 1시간소요)
업종	섬유, 원단
직무	해외영업 및 생산관리
직무상세	담당 바이어와 교신, 생산 및 출고 스케줄 관리 • 신입 및 경력 지원 가능 • 영어 or 일본어 사용 가능 자(중급이상)
우대 사항	경력자(동종업계 & 동일직무), 일본어 능통자(자격증 or 시험성적 보유), 베트남어 능통자
복지	시내 숙소 제공(호치민 2군), 취업 비자 제공, 수습 이후 한국 왕복 항공권 연 2회
급여	신입의 경우 인턴 3개월 + 수습 3개월 후 정규직 전환 (정규직 월 $2800~3000+@) / 경력직의 경우 합의 가능

2 - 베트남에서 취직하려면 무엇을 준비해야 할까요?

일단, 한국에서 취업하려면 무엇을 준비해야 할까요? 영어 공인성적, 해당 분야의 전문 지식 그 외에 본인의 장점을 어필할 수 있는 능력 등등 꼽을 수 있는 것이 너무 많습니다. 따라서 개개인의 스펙이나 자기계발의 측면은 언급하지 않겠습니다. 어디까지나 많이 준비한 사람이 더 다양하고 좋은 기회를 얻을 테니까요.

또한 베트남어를 반드시 할 줄 알아야 하나요?라는 질문에도 직군과 맡은 업무에 따라 다르다고 할 수 있지만, 베트남어를 유창하게 구사할수록 더 다양한 직군에서 근무할 수 있는 기회가 주어질 것입니다.

따라서 이번 장에서는 베트남으로 취업하기 위해서 어떤 루트를 거쳐야 하는가에 대해서 집중해서 다뤄보도록 하겠습니다.

베트남으로 취업해서 진출하는 루트는 크게 네 가지가 있습니다.

첫 번째는 주재원으로 가는 것입니다.

주재원은 한국기업이 베트남으로 진출하는 경우 해당 지사를 맡아서 운영하거나 근무하게 하려고 파견 보내는 것을 의미합니다. 이 경우는 이미 한국에서 취업하여 근무중이어야 하므로, 베트남 취업을 생각하는 독자 중에는 많지 않을 것으로 생각되며, 더하여 해당 루트는 기업마다 진출 방식을 정하기 나름이기 때문에 구체적인 내용을 다루기는 어려울 듯합니다.

두 번째는 현지 인력으로 채용이 되는 경우입니다.

이 경우 가장 중요한 것은 정보력입니다. 기본적으로 한국 취업사이트(사람인 등)에도 베트남 취업 공고가 올라오기도 하며, 해외 취업만을 전문적으로 다루는 사이트인 월드잡(www.worldjob.or.kr)에서 다양한 공고를 확인해 볼 수 있습니다. 또한, 한국, 베트남에서 개최하는 취업박람회를 다니면서 자신의 역량과 기업의 채용요건을 비교해서 가장 잘 근무할 수 있는 환경을 찾아가는 것이 중요합니다.

베트남 내에서는 아무래도 외국인을 고용하다 보니 채용에 신중할 수밖에 없습니다. 그러다 보면 자연스럽게 베트남 현지에서 지인의 소개를 통해 구인하는 경우가 상당수 있습니다. 따라서 베트남에서 생활하고 있는 지인이 있다면 지인에게 부탁을 하거나 현지 한인 커뮤니티에서 활동하며 기회를 찾는 것도 좋은 방법이 됩니다.

세 번째 방법은 헤드헌팅 회사를 통해 구직을 하는 방법입니다.

규모가 제법 있는 헤드헌팅 업체는 한국 베트남 두 곳에 모두 지사를 가지고 있는 경우가 있습니다. 따라서 면접이나 정보를 취합하는 데 용이합니다. 다만, 헤드헌팅의 경우 전문적인 직무가 최소 5년 이상인 경력직이나 직책이 높은 위치의 인재를 구하기 때문에 신입에게는 적절하지 않은 방법일 것입니다.

물론, 회사가 헤드헌터에게 채용을 의뢰한다는 것은 그만큼 직접 구하기 어려운 능력을 갖춘 인재라는 뜻이기 때문에 신입이나 1~2년 차의 경력자는 처음부터 헤드헌팅을 노리는 것보다 자신의 직군에서 전문성을 키우면서 역량을 키우기를 권합니다. 기회가 된다면 헤드헌팅 업체에서 이력서를 보내달라고 먼저 연락이 오기도 하니까요.

네 번째로 취업프로그램을 통해서 취직하는 방법이 있습니다.

해당 방법으로는 국비지원 프로그램과 개인이 경비를 들여서 오는 유료 프로그램 두 가지로 나눌 수 있습니다. 해외 취업과 창업에 관심이 있는 청년들이 증가하면서 청년들의 해외진출을 활성화하기 위한 정책적 필요성이 증가하는 상황에서 정부는 그동안 각 부처에서 산발적으로 추진되는 해외진출 프로그램을 통합하여 청년 해외진출을 내실 있게 지원하려고 [K-Move]를 추진해왔습니다.

베트남에서 가장 먼저 청년 창업/취업 프로그램을 시작하고 많은 졸업자를 배출한 GYBM(Global Young Business Men)도 2012년에 사조직인 대우세계경영연구회에서 기획하고 시작하였으나 2014년부터 정부의 지원을 받아 K-Move의 일환이 되었습니다. 이러한 프로그램들은 기본적으로 베트남어 및 역사, 문화에 대해 체계적인 교육을 통해서 훈련시키고 연계된 기업들로 취업을 소개해주는 등 해외 취업 전반을 지원받을 수 있는 프로그램입니다. K-Move에 관한 자세한 내용은 월드잡(https://www.worldjob.or.kr)에서 확인해 볼 수 있습니다.

위 네 가지 방법 외에도 베트남에서 생활을 하다가 카페나 식당, 무역 등 본인이 자신 있는 분야에 창업을 하는 방법도 있습니다. 창업에 관해서는 5장에서 다시 자세히 다뤄보도록 하겠습니다.

ps. 추가적으로 팁을 드리자면, 제가 위에서 언급했던 베트남에 진출한 외국기업, 베트남 기업의 경우는 헤드헌터 혹은 지인소개를 통해 고용하는 경우가 대부분입니다.

특히 외국기업의 경우는 한국사람들에게는 생소할 수 있는 링크드인(www.linkedin.com)을 상당히 잘 활용합니다. 링크드인에 가입하여 본인의 이력을 자주 업데이트하고 수시로 검색을 하다보면 많은 정보를 얻을 수 있으며 또한 다양한 기회를 얻을 수 있을 것입니다.

3 - 베트남어 공부 어디서 했어?
베트남어 배우려면 얼마나 걸려?

    미국의 FSI(Foreign Service Institute)라는 기관에서 미국인 기준의 언어 습득의 난이도를 조사한 표가 있습니다. 한 언어를 충분히 구사하기 위해 들인(필요한) 시간을 기준으로 만든 표입니다.

    한국어는 중국어, 일본어와 함께 2,200시간 정도의 시간을 요구하는 가장 높은 난도의 언어로 손꼽힙니다. 아마도 비한자문화권의 미국인에게 한자문화권인 한국어, 일본어, 중국어는 습득하기 여간 어려운 언어가 아닐 수 없습니다.

반면 베트남어는 그보다 한단계 쉬운 1,100시간 정도의 시간을 요구하는 언어로 분류됩니다. 1,100시간이라고 하면 통상 하루에 3~4시간 정도의 공부를 한다고 할 때, 1년여 정도의 노력을 들이면 언어를 구사하는 데 무리가 없다고 판단되는 수준입니다. 처음에 막막했던 느낌이 조금은 가벼워지셨나요?

그렇다면 베트남어를 처음 공부할 때, 어떻게 시작하는 것이 좋을까요? 수많은 방법들이 있지만, 성실히 공부한다고 가정했을 때, 세 가지 정도의 방법을 권하고 싶습니다.

베트남 현지로 가서 언어를 배울 생각이라면, 베트남 하노이 사범대학교 어학당에서 베트남어를 배울 수 있습니다. 현지에서 생활하지만 어학당을 이용하지 않는 경우 온라인을 통해 언어 교환이나 현지 과외선생님을 구하는 것도 방법이 되겠습니다.

베트남 하노이 사범대학교 어학당은 하노이 시내 인도차이나 플라자 건너편에 위치해 있습니다(주소: Room 103 - Plot D3 - 136 Xuan Thuy - Cau Giay - Ha Noi. 웹사이트: http://hnue.edu.vn). 어학당의 장점은 정규 베트남어 교육 과정을 따른다는 점으로 체계적인 훈련이 가능하고 다양한 현지 경험이 부가적으로 따른다는 점입니다. 베트남어 기본서인 A1, A2, B, C급 순서로 이루어집니다. 더하여 베트남 학생비자를 발급해주기 때문에 비자문제를 단번에 해결할 수 있다는 점은 큰 장점이 됩니다.

강좌 개설 현황에 따라 그룹으로 들을 수도 있고 일대일로 수강할 수도 있습니다. 수업은 한 교시당 50분 수업이고 평일 오전 및 오후 반으로 나뉘며 주말 수업이나 저녁 수업은 문의 후 가능하다고 합니다. A1부터 C급까지 단계별로 120교시 수업이 원칙으로 매일 수업 시작 전 사무실로 찾아가면 교실이 배정되어 있고, 교실로 찾아가 선생님과 수업을 진행하는 방식입니다. 베트남 선생님에 따라 수업 시각에 정확히 오시지 않는 분이 계실 수도 있습니다만, 경우에 따라서 선생님이 지각하신 부분은 쉬는 시간을 갖지 않고 수업하면서 보충해주시기도 하면서 진행합니다. 선생님이 늦게 오는 시간을 활용해서 복습하거나 숙제를 하는 시간으로 활용해도 좋겠습니다.

기초는 베트남어 문자 및 성조부터 배운 뒤 A급의 책 1권으로 시작해서 C급 책까지 공부하면서 말하기, 읽기, 듣기, 쓰기를 배웁니다. 책이 출판된 지 10년이 넘었기 때문에 다소 지루하게 느껴질 수 있으나 정확히 공부해두고 넘어가야만 하는 좋은 책입니다. 1년에 2회 정도 선생님과 학생들이 여행을 가기도 하고 개인적으로 선생님과 친해지면 박물관 견학 등 다양한 체험을 하기도 하며 베트남이라는 나라에 대해서 언어뿐만 아니라 경험까지도 할 수 있어서 좋은 경험이 될 것으로 생각됩니다.

현지의 온라인을 통해 언어교환이나 과외수업의 진행은 체계적인 점은 없으나, 기초를 어느 정도 다져온 사람이라면 단기간에 집중적으로 언어를 배울 수 있는 장점이 있습니다. 언어 교환의 경우 한국어를 배우고 싶은 베트남 대학생과 만나서 서로의 언어를 가르쳐주며 공부를 합니다. 아무래도 서로의 공통분모인 언어로 영어가 필수로 요구되지만, 친구와의 약속이므로 시간을 정하는 데 자유롭고, 베트남 사람들의 일상언어를 배우고 현장에서 언어를 경험할 수 있다는 장점이 있습니다. 다만, 서로에게 더 편한 공통어가 존재하면 해당 언어를 더욱 많이 사용하는 불상사가 발생하기도 합니다. 서로 베트남어와 한국어를 배우기로 해서 만났는데, 영어를 더욱 잘하게 되었다는 후일담이 있기도 합니다.

과외는 주변에서 잘 가르친다고 소문이 나있는 선생님과 진행하기를 권합니다. 선생님을 구할 때는 주변의 소개 또는 베트남 관련 카페 (베트남 그리기 및 베트남 맘 모여라 등)에서 과외 경력이 있으신 분을 소개받는 것이 좋습니다. 2023년 기준 과외비는 시간당 35만동~80만동, 2~3명 그룹은 30만동~70만동, 4~6명 그룹은 23만동~54만동 수준으로 책정이 됩니다. 과외비용은 선생님의 경력에 따라서 달라지고, 장소가 카페인지 선생님 집으로 방문하는지, 학생 집으로 방문하는지에 따라서도 조금씩 달라질 수 있습니다. 역시나 자신의 베트남어 상태를 자세히 얘기하고 구체적으로 학습계획을 짜지 않으면 시간을 헛되이 보내게 될 수도 있으니 효과적으로 활용하는 방법을 계획하기를 권합니다.

어학당이나 과외를 받기 전에 기초공부를 먼저 해놓고 싶거나, 반대로 기초 어문과정이 끝난 후에 전문 시험대비과정을 준비하고 싶다면, 한국에서 다양한 어학원들이 진행하는 온라인 강의를 추천합니다.

온라인 강의의 장점은 한국인 선생님이 내가 가장 듣기 편안한 언어로 완전히 기초 혹은 시험대비 과정에 필요한 문법 등을 명쾌하게 설명해주기 때문에 빠른 속도로 공부할 수 있으며, 내가 원하는 시간에 언제든지 공부할 수 있다는 장점이 있습니다. 다만, 자기주도적으로 학습해야 하기 때문에 자기의 의지가 가장 중요하게 필요하겠습니다.

 많은 분들이 베트남어를 시작하면서 배우는 데 얼마나 시간이 걸리는지에 대해 의문을 갖습니다. 명확히 답하기는 어렵지만, GYBM 글로벌 청년사업가 프로그램의 교육기간이 약 10개월 동안 이루어지는 것으로 미루어볼 때, 1,100시간이 필요하다는 FSI의 조사결과가 어느 정도 신뢰도가 있다고 생각할 수 있겠습니다.

 첫 시작에 언급했던 것처럼 언어를 배우는 난이도는 한국어보다 쉽다고 합니다. 여러분은 그 어려운 한국어를 자유롭게 구사하고 읽고 쓰고 계시는 만큼 성실히 공부를 하다보면 충분히 베트남어도 습득하실 수 있을 것이라고 생각합니다.

4 - 베트남에서의 직장생활은 어떤가요?

처음 베트남으로 진출한 한국사람들은, 베트남 직원들이 단지 내가 한국인이기 때문에, 혹은 내가 직책이 높기 때문에 당연히 나에게 잘해주고 나를 잘 따를 것이라고 기대하고 왔다가, 생각과는 다르게 행동하는 베트남 사람들을 겪게 되는 뜻밖의 상황을 마주치고는 낙담하는 경우를 상당히 많이 보았습니다.

그들도 베트남으로 진출해 오면서 자신의 역량을 발휘해서 베트남 사람들을 이끌어서 충분히 훌륭한 성과를 내는 박항서 감독과 같은 멋진 리더의 모습을 상상하며 진출합니다.

다만 이 과정에서 발생하는 가장 기본적인 문제점은 베트남에서 한국회사에 근무하다 보면, 본인의 능력과 역량, 탄탄한 업무 기본기, 그리고 현지인들과의 소통능력을 바탕으로 관리자가 되는 경우보다는 단지 '한국인이기 때문에' 관리자가 되는 경우가 많이 있다는 것입니다.

해외업무의 특성상 본사와의 업무 효율성 및 커뮤니케이션을 위한, 상사 혹은 회사의 필요에 의해 한국인이 팀장의 역할을 하게 되는 경우가 많이 있습니다.

이 상황에서 팀장으로서, 베트남 사람들을 한 팀으로 이끌어가는 멋진 리더가 되기 위해서는 먼저 역지사지로 생각해볼 필요가 있습니다. 과연 베트남 직원들에게 이렇게 부임한 한국인 팀장의 모습이 어떻게 비춰질지에 대해서 말입니다.

베트남 사람들은 자존심이 센 편입니다. 그들에게 한국인 관리자

혹은 직원은 그저 낙하산, 게다가 말도 잘 안 통하는 낙하산이며, 베트남 시장에 대한 이해가 하나도 없는 무능력한 리더로 보일 수 있다는 점을 스스로가 인지해야만 합니다. 또한 회계담당자가 베트남 직원인 이상 한국 직원의 월급은 아무리 비밀로 하려고 해도 베트남 직원들의 귀에 들어가기 마련입니다.

그들의 몇 배가 되는 월급을 베트남어도 제대로 못하고 베트남 시장도 모르는, 그저 자신의 상사이고 팀장이라는 이유만으로 받는다는 것에 베트남 사람들은 분노합니다.

베트남 사람들이 마음으로 리더를 인정하지 않는다면, 베트남 사람들은 한국인 팀장(혹은 직원)들을 무시하기 시작합니다. 한국 직원이 지시한 업무를 수행하지 않고는 팀장이 자신들에게 '정확한 지시'를 하지 않아서 업무를 수행하지 못했다는 책임 회피의 발언과 골탕먹이는 식의 행동을 하기도 합니다. 혹은 한국 직원을 앞에 두고 베트남어로 본인들끼리 이야기하며 기분을 불쾌하게 하는 등 상대를 존중하지 않는 행동을 하기도 합니다. 당연히 점심도 같이 먹지 않으며 어울리지도 않습니다. 한국인들 역시 자존심이 세고, 수직적인 문화에 익숙해져 있기 때문에 대부분의 한국인들은 이러한 상황에서 분노하고, 그 분노를 표출합니다. 그러면 베트남 직원들은 더욱 리더의 권위를 세우지 않고 서로간의 골이 깊어지는 악순환이 됩니다.

이는 단순히 리더십, 경험의 부족에서 오는 문제가 아니라 서로의 입장에 대한 이해 부족에서 오는 문제라고 생각합니다. '당연히 내가 한국인이니까 돈을 더 많이 받는 것이 당연한 것 아닌가? 베트남 물가에 맞춰서 받아야 해? 한국 회사에서 일하면 당연히 한국인의 지시를 받고, 언어도 한국어를 배우든지 아니면 영어를 잘해서 업무를 진행할 생각을 해야지!' 라고 생각하고 반응한다면, 영원히 베트남 직원들과의 악순환의 고리는 끊기지 않을 것입니다.

이럴 때 도대체 어떻게 해야 할까요? 상황에 따라(Case by case) 다릅니다. 정답은 없기에 필자의 경험을 관계의 측면과 업무의 측면 두 가지로 나누어서 얘기해 보려고 합니다.

우선 관계의 측면으로는 입장을 바꿔서 그들을 이해해보려고 했습니다. '나'라는 사람에 대한 부정적인 감정이 아니라 나의 위치와 회사의 상황에 대한 부정적인 시선에 기인한 것이기 때문에 '나'는 나쁜 사람이 아님을 보여주고자 했습니다. 웃는 얼굴에 침 못 뱉는다는 조상들의 말씀을 따라 항상 미소로 먼저 다가가서 인사했고, 아무리 화가 나더라도 소리지르거나 화를 표출하지 않고 최대한 친절하게 대화하려고 노력했습니다. 그리고 한국에 다녀올 일이 있으면, 작은 것이라도 선물을 사서 직원들에게 나눠주었습니다. 선물은 전해지면서 그 마음이 함께 전달됩니다. 마음이 담긴 선물을 싫어하는 사람은 없습니다.

그리고 업무적으로는 내 능력을 입증하기 위해 노력했습니다. 회사에서 돈이 남아돌고 한국인을 너무 사랑하는 나머지 나에게 돈을 주기 위해서 나를 고용한 것이 아니라 나에게 가치가 있기 때문에 나를 고용한 것이라는 것을 보여주고자 열심히 했습니다. 그냥 무턱대고 모든 일을 열심히 잘하려고 시도하는 것이 아니라 베트남 사람들이 하지 못하는 일을 찾아서 그 일을 완벽히 해내도록 노력했습니다. 그리고 베트남 사람들에게 여러분이 인정하든 하지 않든 나는 당신들의 상사이고 그 권한(인사권, 평가권 등)이 있음을 명확하게 전달했습니다. 물론 이 부분은 본인이 스스로 하기 어려울 수 있습니다. 이런 경우에는 법인장님 혹은 사장님 등과 상담을 통해 베트남 사람들에게 각인시킬 필요가 있다고 생각합니다. 권한이 있고 힘이 있으며 능력이 있는 리더를 따르는 것은 베트남도 마찬가지입니다. 베트남 역시 보스 문화가 강해서, 상대를 명확히 나의 상사, 보스로 인지하면 그에 순종하고 잘 따릅니다.

TV를 통해 베트남 축구를 보면서 선수들이 박항서 감독을 얼마나 신뢰하고 따르는지를 보면서 또, 박항서 감독이 선수들을 얼마나 아끼며 필요에 따라 엄하게 다루는 모습을 보면 우리가 베트남 직원들을 어떻게 다루어야 할지 미루어 짐작할 수 있을 것입니다.

05

베트남에서 창업을
할 수 있을까?

05 베트남에서 창업을 할 수 있을까?

1 - 베트남 사람들은 어떤 경제활동을 할까요?

우선 베트남이라는 국가의 시대적 사회적 생활적인 면을 보면 한국에서 살아가는 우리 시각에서 바라보는 창업이라고 하는 단어에서 풍겨오는 이미지와는 거리가 있어 보입니다. 특별한 기술이나 새로운 환경을 구축하면서 회사의 가치를 향상시키는 창업 문화보다는 생활과 밀착된 편의를 제공하는 서비스, 예를 들면 Grab과 같은 차량 공유 어플을 통한 여객운송 서비스 제공, 배달, 거리의 가판 판매, 식당 운영, 마트 등과 같은 가장 1차원적인 서비스를 제공하고 돈을 버는 것이 일반적으로 베트남에서 개인사업을 진행하는 모습이 아닐까 생각합니다.

이렇게 개인사업을 하거나 아니면 베트남에 진출한 수많은 해외의 대기업 생산공장에 취업해서 돈을 벌며 생활하는 경우가 많습니다. 그것도 아니면 넓은 토지를 활용하여 농업에 종사하며 농촌생활을 이어가기도 합니다.

최근에는 베트남 도시 지역의 부동산 시장이 급성장하면서 하노이 등지의 중심지에 토지를 보유하던 사람들이 급격하게 부유해지고 그렇게 축적한 재산을 다른 부동산에 재투자하며 부를 쌓기도 합니다.

간단하면서도 다양한 공산품을 제조하거나 생산하여 판매하는 가게를 열기도 합니다.

어쩌면 이건 우리가 베트남을 여행하면서 여행자의 눈으로 본 겉모습일 뿐일 수도 있습니다. 이렇게 보면 베트남의 경제 상황은 마치 한국의 70년대나 80년대의 경제생활의 모습을 보는 것 같습니다.

한국은 이후 90년대 제조산업의 눈부신 발전을 이뤘고, 이어 2000년대에는 (비록 닷컴 버블이라는 어두운 그림자를 만들었지만 이와 동시에) 인터넷이라는 문화와 산업을 세계적으로 선도하는 국가가 되었습니다.

◆ 하노이 기찻길 마을(2019년 10월부로 안전상의 이유로 폐쇄한 상태이다)

◆ 하노이 밤거리의 모습

 베트남은 현재 어떤 모습이며 어떤 방향으로 발전하게 될까요?
 아이러니하게도 베트남은 이러한 구시대의 모습과 신시대의 모습이 공존하는 국가입니다. 아날로그와 디지털 문화가 동시에 공존하는 사회적 생활적 모습을 가지고 있습니다. 거리의 모습을 보면 우리나라 70년대, 80년대의 모습처럼 보이지만, 스마트폰 사용 상황이나 인터넷 문화를 보면 지금 한국의 모습과 큰 차이가 없습니다. 한국의 시대와 비교하다 보면, 지금의 베트남에는 한국의 70년대부터 2020년 현재까지의 시간이 섞여 흐르는 것처럼 느껴집니다. 다양한 대기업들이 저렴한 인건비 덕분에 베트남으로 진출하여 공장을 세우지만 베트남 국민들은 그렇게 번 돈을 디지털 생활을 위해, 즉 스마트폰을 구입해

쓰거나 인터넷 등에 사용합니다. 하노이, 호치민 같은 대도시나 다낭과 같은 여행지에서 스마트폰 인터넷 속도는 4G LTE를 지원하며 와이파이 및 인터넷 회선 속도도 상당히 빠른 편입니다.

최근 한국의 각광받는 직업이 유튜브 크리에이터이듯이 베트남에서도 상당히 많은 사람들이 유튜브 크리에이터를 직업으로 삼고 있습니다.

◆ 베트남 공유 오피스 모습

구시대 모습과 현시대 모습이 공존하고 있는 베트남에도 이러한 문화를 활용한 스타트업이 존재하며 해외의 유명 대기업들이 베트남의 스타트업을 지원하고 있습니다.

 미국의 초대형 온라인 상점인 아마존의 글로벌 판매부 산하 베트남 무역 진흥부서(VIETRADE: Vietnam Trade Promotion Agency)는 베트남의 젊은 제조 기술자들이 아마존 온라인 상점에서 상품을 판매할 수 있도록 지원하겠다고 발표했습니다. 베트남의 젊은 힘과 기술력을 상당한 발전 가능성으로 평가하면서 이것을 국가적 인터넷사업 분야의 잠재력으로 본 것입니다.

 이렇게 아날로그와 디지털의 발전이 공존하는 베트남의 구조상 제조업이나 기술 최전선의 스타트업의 창업보다는 온라인 서비스 위주의 스타트업 창업이 더 많이 있습니다. 특히 베트남의 경제활동의 모습을 보면 이해할 수 있는 구조이지만, 오프라인 결제와 관련된 핀테크 스타트업이 상당히 많이 존재함을 볼 수 있습니다.

2 – IT스타트업이 베트남에서 성장할 수 있을까요?

다른 챕터와 다르게 이번 챕터에서는 결론을 먼저 알려드리고 자세한 것을 설명드리려고 합니다.

결론은 [IT스타트업이 베트남에서 성장 가능하다. 아니, 가능성이 무궁무진하다.] 입니다.

베트남이라는 나라에 대해서 조금 더 살펴보면, 바로 전에 이야기했듯이 아날로그의 사회와 디지털의 사회가 완벽히 섞여서 하나의 생활 문화의 덩어리를 형성하고 있습니다.

 베트남 사람들은 아침에 출근을 하거나 학교에 등교할 때 너무도 자연스럽게 스마트폰을 꺼내서 Grab 어플리케이션을 켜고 목적지까지 공유 오토바이, 공유 택시 등을 불러서 타고 갑니다.

식사를 하거나 간식을 먹기 위해서 구매를 할 때는 보통 현금결제를 하고 카드결제를 하는 비율은 매우 낮으면서도 구매한 음식을 먹으면서는 자연스럽게 스마트폰을 켜고 유튜브에 접속하여 콘텐츠를 소비합니다. 실제 생활을 보면 식사를 할 때뿐만 아니라 오토바이를 운전하면서도, 가게에서 일을 하면서도 손에서 스마트폰을 놓지 않을 정도입니다.

불과 2~3년 전에는 스마트폰을 활용한 은행의 실시간 온라인 금융 서비스는 전혀 없을 정도로 아날로그를 고집해왔습니다. 그러나 짧은 시간에 베트남은 모바일 금융서비스를 적극 도입하면서 은행업무는 간소화되었고 사용자는 더욱 편리해졌습니다.

한국에서 살면서 너무나 당연하게 여기던 서비스이지만 베트남에

서는 아직 인프라가 구축되지 않은 경우가 많은데 그런 한편 이러한 인프라가 아직 완벽히 구축되지 않은 나라에서 최첨단의 콘텐츠 소비가 이루어지는 것 또한 아이러니합니다.

이렇게 자연스럽게 늘어나는 첨단 서비스 요청에 발맞춰 다양한 IT 스타트업들이 베트남에서 등장하고 있습니다. 특히나 베트남에서 가장 불편함을 겪는 분야가 바로 전자거래 서비스입니다. 실제로 베트남 사람들은 오프라인 거래에서 결제수단으로 주로 현금을 이용합니다. 온라인으로 물건을 주문하면서도 배달 기사에게 물건 대금을 현금으로 지급하기도 합니다. 그러나 젊은 층들이나 대도시에서는 현금보다 전자거래를 선호하며 QR코드를 활용한 결제 등이 자연스럽게 이뤄지고 있습니다.

금융서비스의 방식은 여전히 아날로그 방식에 더 가깝습니다. 그런데 현금에 적힌 숫자의 크기가 매우 큽니다(한화대비 약 20배). 이러한 불편함을 해소하기 위해 베트남에는 매우 많은 핀테크(Fintech) 스타트업들이 등장하고 있습니다.

베트남의 이러한 IT 기업에는 해외의 유명 투자사들이 투자를 하기도 합니다. 베트남의 핀테크 스타트업 중에 전자지갑 서비스 1위업체인 모모(momo)는, 골드만 삭스로부터 거액의 투자를 성사시키는 등 베트남의 스타트업 문화는 이제 도약하는 시기라고 할 수 있습니다.

아직까지도 은행 미사용 인구가 전체 69%이므로 개척할 분야가 많이 남아 있으며, 전체 인구 중 40세 미만 인구의 비율이 65% 이상, 모바일 사용 인구가 130%, 일일 인터넷 이용 평균 시간 6시간이기 때문에 핀테크 사업이 성장하기 좋은 환경입니다.

또한 수많은 기업이 자금을 필요로 하는데 기업의 은행 대출 의존도가 GDP 대비 1.5배인 것에 비해 회사채(자본시장) GDP 대비 3%에 불과합니다. (수치 출처 [2019년 3월 국제 금융 컨퍼런스])

이는 증권사의 업무 범위 확대가 필요하다는 사인이며 크라우드펀딩에서 기회를 잡을 수 있을 것으로 보입니다.

현재 베트남에는 직접 확인한 것만도 20여 개의 핀테크 기업이 존재하며, 필자도 베트남에서 온라인 결제 및 쇼핑몰과 관련된 스타트업을 만들기 위해 준비하고 있습니다.

3 - 스타트업 인큐베이팅 시스템이 있나요?

한국에서 스타트업 인큐베이팅 문화가 시작된 것은 사실 그렇게 오래되지 않았습니다. 미국의 실리콘밸리가 성공하는 모습을 보며 1세대 IT기업가들이 후진양성을 위해 자금을 투자하고, 컨소시엄을 구성하며, 직접 나서서 가르치고, 스타트업들의 데모데이를 만들어가며 스타트업이 하나의 문화가 될 수 있도록 구축해왔습니다.

그 결과, 지금은 대학생들도 아이디어가 있다면 창업을 해볼 수 있는 구조가 만들어지게 되었지요. 그러나 여전히 한국의 스타트업 문화는 가야할 길이 멀기만 합니다.

베트남은 어떨까요?

베트남에도 이렇게 스타트업의 문화가 형성되고 있습니다.

미국의 유명 공유오피스 업체인 Wework는 이미 호치민, 하노이 등의 지역에 5군데 이상의 공유오피스를 운영하며 베트남 로컬 스타트업 기업들의 사무공간을 지원하기도 하며, 베트남으로 진출한 외국인을 대상으로 사무공간을 지원하기도 합니다.

베트남 로컬 IT아카데미가 직접 운영하는 공유오피스도 존재할 만큼 스타트업 문화는 자연스럽게 형성되고 있습니다.

다만, 아직은 베트남 현지의 교육수준이 높지 않기 때문에 실력 있는 IT 개발자가 많지는 않습니다. 그 결과 여러 서비스들이 직접 창조되어 등장하기는 쉽지 않은 상황이며, 해외의 많은 성공한 서비스들이 속속들이 들어오는 경우가 많이 있습니다.

차량 공유서비스인 Grab은 말레이시아에서 시작된 서비스이나 지금은 베트남에서 만큼은 Uber를 인수할 만큼의 시장세력을 확장하였습니다. 결국, 베트남 현지인이 뒤늦게 창업한 오토바이 택시 공유서비스인 Go-viet은 Grab과 경쟁하기엔 이미 격차가 너무 많이 벌어진 상황이 되었습니다.

이와 더불어 기술창업을 지원하려는 대회들도 많이 열리고 있습니다.

베트남의 카이스트라고 불리는 백화대학교에서는 중국 칭화대의 치디홀딩스를 벤치마크한 테크페스트(Techfest) 스타트업 창업자 대회를 만들었습니다.(https://techfest.vn/en)

테크페스트는 5,500명 이상

의 참가자가 600개 이상의 스타트업 팀을 꾸려서 참가했으며 250명 이상의 투자자와 연결이 될 만큼 베트남 내에서는 기술창업투자로서 규모가 있으며 스타트업이 성장할 수 있는 발판을 마련하고 있습니다. 더하여 베트남의 카이스트라고 불리는 백화대학교에서 직접 주최하고 운영하는 만큼 신뢰도 또한 높다고 볼 수 있습니다.

또 다른 대회로는 베트남으로 진출한 기업 롯데가 베트남의 스타트업 문화를 구축하려는 시도를 하고 있습니다.

롯데는 하노이의 가장 큰 IT 아카데미에 휴식 및 회의공간을 무상으로 설치해주며 학생들이 자유롭게 토의하고 이용할 수 있도록 지원하는 한편 롯데 액셀러레이터는 베트남 VSVA(Vietnam Silicon Valley Accelerator)와 함께 베트남 내의 스타트업 경진대회를 개최하고 있으며 펀드를 조성하여 장기적으로 베트남 내의 스타트업에 투자한다는 방침을 가지고 있습니다.

◆ 베트남 스타트업 생태계 지도(자료원: Tri Thuc Tre)

06

베트남 생활 초보자들의 질문 리스트

06 베트남 생활 초보자들의 질문 리스트

1 - 베트남 온 지 일주일 되었는데, 친구 사귀기가 너무 어려워요.

살아오면서 반복적으로 경험하는 것 중 하나는 새로운 곳에서의 정착일 것입니다. 학창시절에는 매년 새로운 학년이 되고, 새로운 친구를 만나는 것을 반복하며 학교라는 작은 울타리 안에, 어쩌면 강제적으로 주어진 무리집단 속에서 매번 이러한 연습을 해왔던 것일지도 모르겠습니다.

학교, 학원을 거쳐 성장하면서 대학에 진학하고, 사회생활을 하면서 우리는 수없이 다양한 관계들을 형성합니다. 그러다가 취미가 맞는 동호회 모임을 시작하기 위해 인터넷을 찾아보기도 하고, 취미생활을 시작하기도 합니다.

이렇게 단순하게 반복되던 것들도 한국이 아닌 곳, 나를 마치 갓 태어난 아기처럼 느껴지게 하는 생소한 곳, 해외의 생활이라면 왠지 두려움이 앞서 옵니다. 여행을 할 때는 막연히 좋았던 그 모든 것들이 이제는 생활해야 할 곳이라고 생각하면 막연한 두려움으로 다가오기도 합니다.

이러한 두려움 속에서 생각보다 많은 사람들이 관계를 형성하는 데 있어서 많은 실수를 합니다. 베트남에서 일은 하지만 정서를 맞추는 것도, 그들을 이해하기도 힘들기에 외국인 친구를 만드는 것을 꺼려 하며 한인사회 커뮤니티에서만 관계를 형성한다거나 반대로 해외까지 나왔는데 이 기회에 다양한 외국인 친구를 사귀겠다는 마음으로 한인사회 커뮤니티를 배제하고 외국인과의 관계만을 형성하는 극단적인 인간관계를 형성하고는 합니다.

이 책을 접하는 독자분들이 '설마…'라고 생각하는 이 순간에도 생각보다 많은 사람들이 해외로 출국하는 그 순간에 이러한 고민을 실제로 하는 것을 많이 봤습니다. 특히 이제 막 부모님의 품을 벗어나는 사회 첫 걸음의 학생들은 이러한 고민의 비중이 큰 것을 봅니다.

독자분들보다 한 걸음 먼저 경험하고 드리는 조언은 모든 상황에서 각기 다른 것을 배울 수 있다는 사실을 기억하며 사람들을 만나라는 것입니다.

제가 처음 일본 유학을 떠나던 시기에 할아버지께서 제게 해주신 말씀이 있었습니다.

> 자왈 삼인행이면 필유아사언이니 택기선자이종지요 기불선자이개지니라
> (子曰 三人行 必有我師焉 擇其善者而從之 其不善者而改之)
>
> -논어, 술이 제21장-

[공자께서 말씀하셨다.
"세 사람이 함께 가면 그중에 반드시 내 스승이 있으니, (한 사람은 나 자신이고 남은 둘 중) 선한 이를 골라 그를 본받고, 선하지 않은 이에게서는 나의 잘못을 비추어 보아 고친다."]

모든 사람을 대할 때 배움의 자세로 대하며 사람을 업신여기지 말라는 뜻으로, 제가 처음으로 부모의 울타리를 벗어나 연고도 지인도 없는 세상으로 툭 하고 떨어지는 그 시점에 새로운 사람을 편견 없이 만날 수 있도록 도와준 이야기였습니다.

사람의 국적, 성별, 인종 같은 것을 구분하지 말고 편견을 버리고 겸손하게 다양한 친구들을 사귀는 열린 마음으로 관계를 형성하는 것을 권하고 싶습니다. 베트남 친구들을 통해 베트남과 베트남 사람에 대해 더 잘 이해할 수 있으며, 그들은 현지 사정을 누구보다 정확히 이해하고 알고 있기 때문에 여러 가지 현지에서의 곤란한 상황에서 큰 힘이 되어줍니다. 반면, 한인사회 커뮤니티를 통해서는 해외에서 향수병 혹은 문화 차이로 인해 마음이 어려울 때, 공감해줄 수 있으며 큰 위로가 되는 것은 같은 정서의 한국인만이 가능할 것입니다.

★ 한국인 친구 사귀기

다행히도 베트남에는 많은 한인 교민들이 살고 있습니다. 통상적으로 베트남 주재 한국인 수를 하노이, 하이퐁, 박닌을 포함한 북부지역에 약 5만명, 호치민, 냐짱(나트랑), 붕따우를 포함한 남부지역에 약 10만명이라고 이야기 합니다. 이 외에 중부지역인 다낭 역시 수많은 한국 회사가 진출해 있으므로 어디에서나 쉽게 한국인을 볼 수 있습니다.

교민이 많으므로 그에 따라 동문회, 동호회, 또래모임, 업종별 모임, 지역별 모임 등 다양한 친목 모임이 있으며, 최근에는 베트남에서 육아를 하는 젊은 한국 엄마들이 많아지면서 다양한 육아모임 커뮤니티들이 활성화되고 있습니다. 더하여 한인들이 많이 모여 있는 아파트에서는 아파트 단지의 커뮤니티 또한 활성화되어 있어서 아파트별 카카오톡 단톡방도 늘어나는 추세입니다.

이러한 모임에 관한 정보는 '베트남 그리기', '베맘모' 등과 같은 베트남 관련 네이버 카페에서 쉽게 찾아볼 수 있으며, 카페의 운영이나 활동은 카카오톡 단체톡방을 활용해서 이루어지는 경우가 많습니다.

★ 베트남 친구 사귀기

가장 쉽게 사귈 수 있는 베트남 친구는 직장인에게는 직장동료, 학생은 학교 친구 혹은 언어교환 상대나 베트남어 과외선생님입니다. 그들과 친해지면서 그들이 소개하는 다른 친구들을 만나거나, 다양한 모임에 함께 참석하면서 서서히 인맥을 넓혀나가는 것이 좋습니다.

물론 카페나 클럽 등의 외부장소를 통해서 자연스러운 만남을 갖거나, 베트남의 카카오톡인 잘로(zalo)라는 어플리케이션을 통해서도 완전히 새롭고 가벼운 만남들을 갖는 것이 가능하지만, 아직 현지에 익숙하지도 않고, 언어도 서툴기 때문에 안

◆ 베트남에서 가장 많이 사용하는 국민 메신저 Zalo

전하지 못한 방법을 택하는 것보다는 천천히 그리고 깊이 서로 간에 책임감 있는 관계를 유지하는 것이 좋다고 생각합니다.

이 외에도 구글이나 페이스북에서 운영되는 다양한 외국인 교류 페이지(마라톤, 자전거, 등산, 언어공부 등)가 있기 때문에 개인의 취미나 관심사와 일치하는 활동에 참여해서 친구를 사귀는 것도 좋은 방법입니다.

2 – 보통 주말에 뭐하고 노세요? 취미생활은 어떤 걸 하시나요?

이번에는 취미에 관한 이야기를 해보려고 합니다. 취미 활동은 각자 개인의 취향이기 때문에 하고 싶은 것 말고, 베트남에서 할 수 있는 취미생활에 대한 이야기를 해보려고 합니다. 의외로 한국과 비슷한 취미생활이 많으면서도 기후와 환경이 다르기 때문에 조금 다른 부분들도 있습니다. 운동, 여행, 문화강좌, 그 외 취미의 카테고리로 구분을 해서 다루어 보고자 합니다.

★ 운동

일상에서 가장 손쉽게 그리고 가볍게 접할 수 있는 취미생활은 운동입니다. 한국과 마찬가지로 GYM(헬스장)에서 운동을 하며 여가시간을 보낼 수 있습니다. 한국과 마찬가지로 중급 이상의 아파트의 경우 자체적으로 GYM 시설을 보유하고 있으며 사무실이 밀집된 지역에서도 쉽게 GYM을 찾을 수 있습니다. 최근 새로 생기는 GYM의 경우 한국에 있는 것처럼 신식 운동기구들과 깔끔한 인테리어로 쾌적한 운동이 가능하며, 멤버십 회원이 되면 요가나 Zumba 등의 클래스를 들을 수 있기 때문에 많은 사람들이 가입하여 활용하고 있습니다. 멤버십 가격은 시설이 훌륭한 만큼 베트남의 다른 물가에 비해서는 저렴하지만은 않습니다. 보통은 한국에서 헬스장에 가는 비용과 비슷하지만, 훨씬 높은 양질의 서비스를 이용할 수 있다고 생각하면 좋을 것 같습니다. 기본 패키지의 경우 2주 계약에 한화로 약 4~5만 원 정도이며, 부가적인 모든 코스를 다 이용하는 패키지의 경우 2주에 9~10만원 정도의 가격이 형성되어 있습니다.

◆ 베트남 내에 여러 체인점을 가지고 있는 럭셔리 헬스장 Elite fitness의 모습

또한 한국사람들이 베트남에 살면서 많은 사람들이 접하고 경험하는 운동은 골프가 아닐까 생각합니다. 비즈니스를 위해 골프가 필요하다거나 좋은 운동이 되는 취미로 많은 사람들이 골프를 배우려고 하는데, 베트남에서는 골프장을 이용하는 비용이 한국에 비해 저렴하기 때문에 한국에서의 생활과 비교해서 상대적으로 쉽게 골프를 배울 수 있습니다. 베트남에서 한국 교민을 대상으로 교습을 하시는 한국인 프로 골퍼들도 어렵지 않게 만날 수 있습니다. 다만 개인 레슨의 경우 한국인 프로골퍼의 레슨이기 때문에 비용은 한국과 비슷하거나 더 높게 책정되어 있습니다.

또한 한국보다 베트남에서 더 쉽게 접할 수 있는 운동은 수영입니다. 최근 베트남에는 다양한 고급 아파트들이 건설되고 있는데, 이러한 아파트들은 아파트 내에 수영장이 있는 경우가 많이 있습니다. 또한 다양한 여행지 및 바닷가와 접해 있기 때문에 수영을 할 기회가 상당히 많이 있습니다.

그 외에도 필라테스, 태권도, 주짓수, 검도 등을 가르치는 학원도 있고, 등산, 배드민턴, 테니스, 축구와 같은 동호회 활동에 참여하는 등 다양한 활동 그룹이 형성되어 있어서 손쉽게 취미생활을 즐기고 어울릴 수 있습니다.

★ 여행

베트남은 다낭, 호치민, 하노이 등 기본적으로 한국에 잘 알려진 여행지이면서 저가항공사들의 취항 횟수 또한 많은 편입니다. 많은 한국 사람들이 리조트, 바닷가, 저렴한 물가 등을 이유로 휴가 시즌에 방문하는 휴양지이기도 합니다. 이러한 나라에 거주하면서 국내 여행을 다녀보는 것은 더할 나위 없이 좋은 기회입니다.

하노이, 호치민, 다낭 외에도 사파, 하롱베이, 냐짱,

◆ 베트남과 가까운 이웃 나라들

무이네, 푸꿕, 꼰다오 등의 좋은 여행지가 많이 있습니다. 이러한 지역은 인터넷에서도 손쉽게 자료를 구할 수 있으며 항공편도 상당히 늘어나고 있기 때문에 쉽게 베트남 국내 여행을 떠날 수 있습니다.

반면 베트남은 지리적으로 중국, 라오스, 캄보디아와 국경이 맞닿아 있고, 태국, 미얀마, 싱가폴, 말레이시아, 인도네시아와도 비교적 가까이 위치해 있습니다. 이렇게 다양한 동남아 국가들과의 접근성이 좋고, 조금 더 멀리 보면 유럽과도 접근성이 매우 좋기 때문에 유럽여행을 계획하기도 좋습니다. 이렇듯 베트남은 국내외로 여행을 즐기기 아주 좋은 지리적 이점을 가지고 있습니다.

★ 문화강좌/원데이 클래스

평일에 시간적 여유가 있는 사람이라면 베트남 내 한인회에서 주최하는 문화강좌에 참석할 수 있습니다. 8주, 12주, 24주 등의 일정한 커리큘럼을 가지고 진행하는 강좌로 언어강좌와 일반 문화강좌가 있습니다.

언어의 경우 베트남어의 기본강좌, 중, 고급강좌 등 다양하게 있으며 영어회화를 배우는 반도 개설되어 있습니다. 문화강좌는 꽃꽂이, 뜨개질, 한지공예, 수채화, 소묘, 자수, 합창단 등의 어지간한 한국의 문화강좌에 견주어도 손색없을 만큼 탄탄히 운영이 되고 있어서 충분히 다양한 문화생활을 할 수 있습니다.

또한 가죽공예, 베이킹, 바리스타 실습과 같이 학습의 내용이 많지 않지만 개인의 연습이 많이 필요한 내용은 한인회 외에도 교민이 직접 원데이 클래스로 개설하여 모임을 갖는 형태가 증가하고 있는 추세입니다.

◆ 하노이한인회 문화강좌 (출처: 하노이한인회 홈페이지)

한인회 홈페이지에서 다양한 강좌 정보를 확인할 수 있다.
(http://homepy.korean.net/~vietnamhanoi/www/)

★ 기타

한국보다 마사지, 네일아트가 한국과 비교해서 저렴하기 때문에 많은 사람들이 주말에 손쉽게 이러한 서비스를 즐기러 다니곤 합니다. 반면에 뮤지컬, 연극관람과 같은 종류의 문화생활은 범주가 넓지 않아서 접할 수 있는 기회가 상당히 제한적인 편입니다. 반면 클래식과 같이 언어의 장벽이 없는 경우는 문화생활로 즐기기 좋은 편입니다. 클래식 정보 및 예약에 관해서는 http://ticketvn.com 사이트에서 찾아볼 수 있습니다.

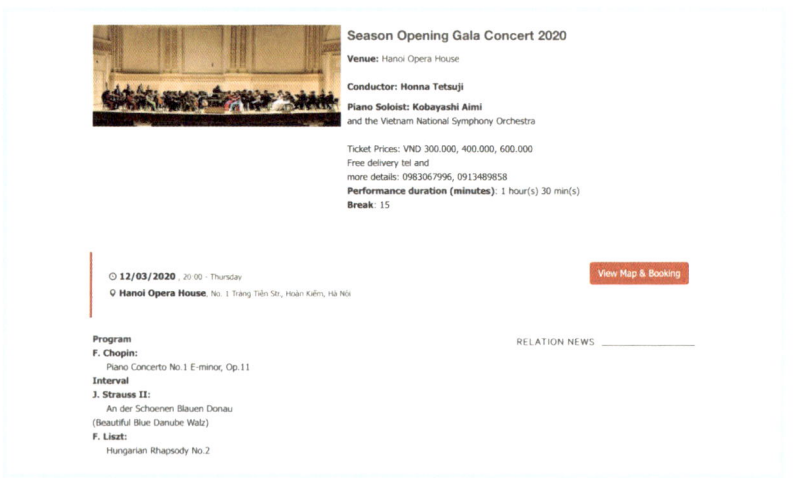

◆ http://ticketvn.com 사이트의 공연정보

3 – 집을 구해야 하고, 이사를 해야 하고… 어떡하죠?

처음 해외에서 살 생각을 하다 보면, 의, 식, 주에 관하여 고민하는 것은 당연합니다. 이 중에서 의와 식은 생각보다 어렵지 않게 해결할 수 있습니다. 당장 길거리에서 판매하는 상품이라도 구매해서 사용할 수 있기 때문에 큰 문제라고 느끼지 않을 수 있습니다.

그러나 거주에 관한 것은 매우 다릅니다. 단 하루라도 거주할 곳을 결정하지 못하게 되면 낯선 곳에서 호텔이나 숙박업소를 찾아 헤맬 수도 있는 상황이 발생하기 때문이죠. 그래서 해외 생활을 계획하게 되면 당연히 처음으로 거주할 곳부터 고민합니다. 한국에서도 집을 구하는 부동산 관련 일은 모두가 어려워하는 것인데 더욱이 말도 잘 통하지 않는 해외에서 거주할 집을 구할 생각을 하면 시작부터 눈앞이 캄캄해집니다.

좋은 집은 생활의 안정과 만족을 주기 때문에 매우 중요합니다. 집 밖이 낯선 환경이 되는 해외에서는 더욱 그렇습니다. 그렇기 때문에 필자는 항상 예산을 기준으로 최대한 좋은 집을 구하려고 노력을 해왔습니다. 제 경험을 들려드리겠습니다.

하노이에 도착한 2012년에는 선택할 수 있는 옵션이 다양하지 않았습니다. 한국인의 기준에서 제대로 된 아파트나 원룸은 없었고, 방 2~3개를 빌리려면 월세가 미화 1500~3000달러 정도였으며 거기에 전기세, 수도세, 관리비까지 더하면 비용이 상당히 높았습니다. 로컬 아파트나 주택에 살자니 엄지손가락 크기만한 바퀴벌레가 나오고, 빛이 들어오지 않는 골목에 위치하는 등 단점이 너무 많아서 살만한 아파트를 구하는 것이 어려웠습니다. 그 당시 최선의 선택은 서비스 아파트로 10층 이하의 건물을 레지던스처럼 개조한 구조였습니다. 청소, 세탁 등의 서비스를 제공해주는 것을 포함해서 미화 400~800달러 정도의 비교적 저렴한 비용으로 생활할 수 있었습니다. 혼자 사는 사람들에게는 최선의 선택이었습니다. 당시 몇 안 되던 한국인이 운영하는 부동산은 현지 파견된 주재원을 대상으로 고급 아파트의 월세만 취급했기 때문에 베트남 부동산을 찾아다니며 발품을 팔아야 했습니다.

다행히도 지금은 젊은 학생들이 베트남어를 배우거나 베트남에 정착하기 위해서 거주하는 수요가 증가하다 보니 한국인이 운영하는 부동산에서도 서비스 아파트를 물건으로 다루는 등 상황이 많이 좋아졌기 때문에 비교적 쉽게 좋은 집을 구할 수 있게 되었습니다.

여기에서는 '집을 이렇게 구하라!'는 이야기보다는 그동안 베트남에 살면서 했던 경험을 바탕으로 베트남 부동산의 전반적인 시세와 거주 및 계약의 형태, 부동산 이용에서의 팁, 이사하는 방법 등에 관한 이야기를 풀어보고자 합니다.

★ 주거 및 계약의 형태

아파트 : 최근 들어 베트남은 아파트의 수가 엄청나게 많아졌고 계속해서 늘어나는 추세입니다. 대부분의 아파트가 신축이기 때문에 생활에 불편함이 없고, 월세도 저가부터 고급형 아파트까지 다양해졌습니다. 일반적으로 가구가 전혀 없는 노옵션과 에어컨, 세탁기, 냉장고 등의 생활에 필요한 물품이 다 갖추어져 있는 풀옵션 매물이 있으므로 본인이 가지고 있는 가구에 따라서 선택할 수 있습니다. 노옵션과

풀옵션은 같은 면적이더라도 미화 1000~1500달러 정도의 월세 차이가 납니다. 아파트는 주인이 일반적으로 최소 1년 계약을 요구하며, 보증금은 한 달치 월세이며, 월세는 3개월 혹은 6개월분을 한번에 지불합니다.

서비스 아파트 : 풀옵션에 청소 및 세탁 서비스까지 포함된 형태입니다. 그러나 호텔이나 레지던스처럼 조식은 주지 않습니다. 서비스 아파트의 타깃은 혼자 사는 외국인이기 때문에 면적이 아파트에 비해 작은 편입니다. 서비스 아파트도 아파트와 같이 주인이 일반적으로 최소 1년의 계약을 요구하고, 보증금은 한 달치 월세이며, 3개월 혹은 6개월분의 월세를 한번에 지불합니다.

비즈니스 호텔 : 단기 출장자가 많아지면서 한국인이 운영하는 소규모 비즈니스 호텔이 늘어나는 추세입니다. 비즈니스 호텔은 계약기간 선정이 비교적으로 자유로우며 조식이 포함되는 장점이 있으나, 단기 거주자를 위한 것으로 아파트에 비해서 시설이 좋은 편은 아닙니다. 출장자 이외에도 베트남에 와서 거주할 집을 구할 때까지 1주~1개월 정도 비즈니스 호텔에 머무르는 분들도 있습니다.

빌라 : 대가족이거나 여러 친구들이 같이 사는 경우, 혹은 회사에서 3~4층의 빌라(혹은 주택)를 통째로 빌려서 거주하는 경우가 있습니다. 통째로 빌리기 때문에 개인당 지불하는 비용이 훨씬 저렴할 수 있으며, 함께 사는 사람들끼리 어울려 쉽게 친해질 수 있다는 점은 타지에서 외롭지 않게 생활할 수 있는 좋은 방법일 수 있습니다.

주거 예산은 일반적으로 한국인들의 경우 1인 거주 기준으로 미화 400~800달러, 2~3인은 미화 800~1,500달러, 4인 가족의 경우 미화 1,000~3,000달러 정도가 평균이라고 생각하면 좋을 것 같습니다. 물론 고급 아파트나 빌라의 경우는 가격이 천차만별입니다.

더하여 베트남에는 다양한 형태의 집을 빌리는 월세의 형태가 있고, 아파트의 매매도 가능하지만 전세의 개념은 없습니다.

★ 부동산 선택

한국인이 운영하는 부동산 : 한국인이 많이 거주하기 시작하면서 한국인이 운영하는 부동산도 증가했고, 한국 고객을 유치하기 위해 한국어를 할 줄 아는 베트남 직원을 고용한 베트남 부동산까지 생겼습니다. 그에 따라 부동산 간의 경쟁이 치열해졌고, 더이상 한국 부동산이 이전처럼 고급아파트만을 취급하지 않고 다양한 옵션의 매물을 보유하게 되었습니다. 그 결과, 한국인이 운영하는 부동산을 통해 쉽게 집을 알아보고 계약을 할 수 있게 되었습니다. 다만, 같은 조건에서도 한국인 부동산을 통해서 계약을 하면 가격이 비싼 경우가 있습니다. 이 부분은 생활에서 발생할 수 있는 다양한 문제들에 대한 지원 서비스 비용이라고 생각해야 합니다. 일반적으로 베트남의 로컬 부동산은 계약 이후 거주하면서 생길 수 있는 여러가지 문제들, 예를 들어 단수, 정전, 옵션가구의 교체, 누수 등을 잘 신경 써주지 않습니다. 한국인이 운영하는 부동산은 이러한 문제들이 발생했을 때 쉽게 연락해서 상담할 수 있고, 가능한 부분은 중간에서 도와주는 서비스를 제공하기 때문에 가격이 상대적으로 비싸더라도 해당 부분의 서비스 비용이라고 생각하면 좋습니다.

로컬 부동산 : 로컬 부동산은 한국인이 운영하는 부동산에 비해서 가격은 저렴합니다. 그러나 거주하면서 생기는 문제의 해결까지 도와주지는 않습니다. 더욱이 언어적으로 지장이 없다면 큰 문제가 되지 않지만, 언어가 아직 미숙한 경우라면 상당히 곤란할 수 있다는 점은 주의해야 합니다.

페이스북을 포함한 온라인 거래 : 부동산을 통하지 않고 집주인과 직접 거래를 할 수 있습니다. 당연히 부동산의 서비스 비용이 빠지기 때문에 가격은 훨씬 저렴하면서도 괜찮은 주거 공간을 구할 수 있다는 장점이 있습니다. 지인의 집에서 거주할 경우, 혹은 집주인이 부동산을 통하지 않고 온라인에 직접 광고를 하는 경우가 있습니다. 그러나 이런 경우는 사기를 당할 가능성도 있기 때문에 신중을 기해서 알아보고 확인해야 합니다.

★ 계약의 TIP

기본적으로 1년 계약, 보증금은 한 달치 월세, 한번에 3~6개월분의 월세 지불.

이 세 가지 경우가 일반적인 부동산 거래 방식입니다. 필자는 1년치의 월세를 한번에 지불하는 조건으로 5~10%정도 월세를 할인해 달라고 협상을 하는 편입니다.

거주할 집을 구할 때 반드시 확인할 점은 외국인 거주가 가능한 곳인지를 확인해야 하는 것입니다. 외국인이 거주하는 경우 집주인이 거주등록을 해야 하는데, 이 과정이 번거롭거나 비용이 발생하기 때문에 등록을 하지 않는 경우가 있습니다. 많이 발생하지는 않지만 적발 시 집주인에게 벌금이 부과되고 임대인에게도 불이익이 발생할 수 있기 때문에 미리 부동산을 통해서 집주인에게 해당 부분을 확실히 해야만 합니다.

★ 이사는 어떻게 하나요?

이사 서비스 업체가 다양하게 있습니다. 업체를 통해서 이사할 경우 직접 포장부터 옮기기까지 다 해주는 포장이사 서비스가 있으며, 본인의 짐이 많지 않은 경우에는 직접 포장을 한 후에 운반만 해주는 서비스가 있습니다. 상황에 따라서 짐이 별로 없는 1인 거주의 경우에는 직접 옮기는 것도 방법이겠지요. 한국과 같이 이사 서비스를 제공하는 다양한 업체가 있기 때문에 해당 부분은 염려하지 않아도 됩니다.

◆ 일반 이사, 포장 이사 등 다양한 서비스를 제공하는 이사 서비스 업체

4 - 베트남에서 쇼핑은 어디서 하세요?

한국에서는 보통 쇼핑이라고 하면 백화점을 둘러보거나 아울렛 매장에 가서 한철 지난 브랜드 상품들을 구입하는 식으로 나들이를 포함한 가족 혹은 친구와의 외출이라는 느낌이 많이 듭니다. 베트남에서도 마찬가지로 생각해볼 수 있습니다.

그래서 이번 챕터에서는 쇼핑이라는 문화적 의미보다는 베트남 생활에서 정말 필요한 물품들의 카테고리별로 구매하는 방법들에 대해서 이야기를 풀어보고자 합니다.

우선 의류 및 잡화, 생활용품 및 식품, 전자제품의 세 가지 카테고리를 기준으로 하려고 합니다.

★ 의류 및 잡화

베트남 물가는 한국보다 저렴합니다. 하지만 의류의 경우는 큰 차이가 없습니다. 오히려 한국이 다양한 소호 브랜드가 있어서 예쁘고 저렴한 옷이 많은 편입니다. 그러다 보니 베트남에서도 한국 의류를

수입해서 판매하는 상인들이 꽤 있습니다. 우선 백화점이나 큰 상점의 가격은 비싼 편입니다. 한국과 비교했을 때 오히려 더 비싼 경우가 있어서 구매를 망설이게 되기도 합니다. 또한 같은 브랜드라고 하더라도 브랜드를 운영하는 MD들이 다르기 때문에 한국사람들 취향에 맞지 않을 수 있습니다. 예를 들어 같은 ZARA 브랜드라고 하더라도 한국과 베트남과 스페인의 매장에서 진열하고 판매하는 옷은 상당히 차이가 있습니다. 해당 국가 사람들의 성향과 취향, 그리고 문화 및 기후를 고려하여 진열하는 것이지요.

운동복이나 외투, 특히 남성 의류의 경우 한인지역에 있는 브랜드 아울렛 혹은 소위 말하는 짝퉁시장, 사이공스퀘어 같은 곳에서 많이 구매하는 편입니다.

짝퉁시장의 경우도 우스갯소리로 들리는 이야기로는 짝퉁이라고 다 같은 짝퉁이 아니라고 합니다. 실제로 디자인을 베껴서 그대로 생산한 소위 말하는 진짜 짝퉁상품이 있는 반면에, 브랜드 생산 공장이 베트남에 있을 경우 생산 공장에서 품질이 B급으로 분류되어서 해당 브랜드로 판매하기 곤란한(실밥이 두어 줄 터졌다거나, 마감이 조금 잘못되었다는 이유로 상품성이 조금 떨어진) 제품들을 빼돌려서 판매하는 소위 말하는 라벨갈이 상품이 있습니다.

당연히 가격은 라벨갈이 상품이 짝퉁상품보다는 조금 비싸긴 하지만, 실제 브랜드에서 구매할 경우보다는 50%가량 저렴하게 사기도 합니다.

아무래도 짝퉁시장은 많이 돌아다니면서 익히고 나서야 이해할 수 있는 시장이 될 것 같습니다.

또 다른 구매처로는 SNS 등의 온라인 상점, 특히 페이스북에서 한국이나 중국에서 수입한 의류를 판매하는 개인사업자가 많이 있습니다.

그리고 마지막으로는 직접 한국이나 싱가폴, 태국을 방문했을 때 구매해서 들고 오거나, 구매대행 서비스를 이용해서 해외직구 혹은 한국직구를 하는 경우도 있습니다.

★ 생활용품 및 식품

베트남은 대형마트가 상당히 잘 되어 있는 편입니다. 여러 지점을 가지고 있는 유명한 대형마트 브랜드로는 Big C, Vinmart, Coopmart, Lotte mart 등이 있습니다. 한국의 이마트, 홈플러스처럼 웬만한 물건들은 다 구매할 수 있고, 한국 제품을 포함한 수입 제품들도 상당수 판매하고 있습니다. 마트에 가보면 어렵지 않게 한국 과자나 아이스크림 등을 발견할 수 있습니다.

더하여 한국 상품을 전문으로 판매하는 마트도 많이 있습니다. 하노이를 중심으로 한 북쪽에는 k-market이 가장 큰 마트로 여러 지점을 운영하고 있으며, 호치민 중심의 남쪽에는 Hi-mart, 스카이마트 등의 한국 상품을 전문적으로 판매하는 마트가 많이 있습니다. 이러한 한국 전문 마트에 방문하면 한국에서 생활할 때 구매하던 생활용품 및 식품들은 과자부터 아이스크림, 냉동식품까지도 거의 구입할 수 있습니다. 물론 한국에서 이용하던 때보다는 물류비용이 포함되기 때문에 가격은 비쌀 수밖에 없지만 그 차이가 생각보다 크지는 않습니다. 한국에서 1,000원 정도의 상품이라면 베트남에서는 약 20%~40% 정도의 금액이 추가된 1,200~1,400원 사이의 금액이면 구매할 수 있다고 생각하면 적당할 것 같습니다.

◆ 한국 상품을 전문으로 판매하는 K-Market

★ 전자제품

사실 전자제품이라고 하면 범주가 매우 넓습니다. 냉장고, 에어컨과 같은 가전제품부터 노트북, 컴퓨터, 핸드폰과 같은 개인 사무 및 일상용품 등의 범주를 나눠서 생각할 수 있습니다.

이번에는 만약 한국이라면 이러한 가전제품을 보통 어디에서 사는지 생각해봅시다.

40대 이상의 분들이라면 삼성이나 LG의 브랜드가 직접 운영하는 디지털 샵이나 하이마트 같은 전자제품을 모아서 판매하는 판매점에서 한번에 모아서 구매를 하고 배송 및 설치도 판매처에 의뢰하여 처리합니다.

20~30대 분들은 하이마트 같은 판매점을 이용하기도 하지만, 우선 인터넷 검색을 통해서 최저가를 알아보고 다양한 브랜드의 제품을 비교한 후에 가능한 경우 온라인으로 구매해서 배송 및 설치까지 한번에

◆ 베트남 전자상가 Vinpro

맡기기도 하고 DIY설치가 가능한 경우는 배송을 받아서 직접 설치하기도 합니다.

베트남도 비슷하다고 생각하면 됩니다.

하이마트처럼 Pico, Media mart, Vinpro 등의 전자제품 전문 판매점이 많이 있으며, 해당 마트에 방문해서 전시된 상품들을 비교 분석해서 적절한 상품을 구매할 수 있습니다.

또한 요즘 20~30대의 젊은 층은 lazada, amazon 등의 인터넷 사이트를 통해서 상품 정보를 검색 및 비교해서 구매하는 경향이 증가하고 있습니다.

사실상 언어가 조금 다른 것 빼고는 한국과 전자제품을 구매하는 방식이 크게 다르지 않다고 볼 수 있습니다.

베트남의 다른 생필품 가격이 한국에 비해 많이 저렴한 것과는 다르게 전자제품은 한국과 가격이 비슷합니다. 추측컨대 전자제품이라는 것은 브랜드를 소비하는 경우가 많기 때문에 가격을 함부로 낮추기가 어려운 것이라고 조심스럽게 해석해 볼 수 있을 것 같습니다.

그래서 많은 기업들이 기능을 간소화하거나 소재를 상대적으로 저렴한 것을 채택하여 중저가형 전자제품을 출시합니다. 대표적으로 스마트폰은 갤럭시, 아이폰과 같은 고사양 기기와 더불어 oppo, 삼성의 A시리즈와 같은 중저가 스마트폰을 동시에 출시해서 소비층을 명확히 겨냥하고 있습니다.

5 – 쌀국수, 분짜 말고 맛있는 베트남 음식 추천해주세요

◆ 바잉세오 bánh xèo 지글지글 부치는 빵이라는 뜻의 베트남식 부침개
◆ 분짜 bún chả 오바마 대통령 베트남 방문시 먹었던 음식으로 유명해진, 숯불에 구운 돼지고기와 돼지완자에 야채와 면을 곁들여 먹는 음식
◆ 고이 꾸온 Gỏi cuốn 스프링롤에 해당하는 음식으로 라이스 페이퍼에 돼지고기, 새우, 채소와 허브 등을 넣어 돌돌 말아 만드는 베트남 음식
◆ 분보남보 bún bò nam bộ 볶은 고기에 다양한 야채를 곁들여 비벼 먹는 베트남 비빔국수

◆ 분팃느엉 bún thịt nướng 돼지고기 비빔국수

◆ 바잉짱느엉 Bánh tráng nướng 라이스페이퍼에 소시지, 파, 메추리알 등을
펴발라 구워먹는 베트남식 피자

　최근 많은 한국사람들이 베트남으로 여행을 다녀오는 추세입니다. 그래서인지 자연스럽게 베트남 음식에 노출되는 기회가 많아졌고, 쌀국수 같은 베트남 대표음식에 대한 친밀도도 높아지게 되었습니다. 그 결과 한국에서도 쌀국수 체인점의 숫자가 증가하는 등 베트남 음식은 한국 사람들에게 점점 더 친숙해지고 있습니다.

　특히 그동안은 쌀국수 이외에 베트남 음식에 대해서 잘 알지 못했던 사람들도 최근 분짜, 바잉세오 등과 같이 조금씩 다양한 영역의 베트남 음식들을 접하기 시작했습니다.

　그렇게 자연스럽게 접하게 된 쌀국수는 한국에서 먹으려면 평균적으로 한 그릇에 10,000원 가량 합니다. 그러나 베트남에서 쌀국수 한 그릇은 약 5만동(2,500원) 정도입니다. 상대적으로 저렴함에서 오는 기쁨과 익숙한 맛에 쉽게 그리고 자주 먹게 됩니다.

그렇게 쌀국수를 먹다 보면 어느새 다른 음식들이 궁금해지기 시작합니다. 그러나 무턱대고 시도했다가 맛이 없거나 입에 맞지 않으면 기분 좋게 하던 식사는 어느새 불만 가득한 식탁이 됩니다.

자, 그럼 베트남에는 쌀국수 외에 어떤 맛있는 음식이 있을까요?

우리가 이미 잘 알고 있는 쌀국수, 스프링롤, 반미 이외에도 다양한 베트남 음식들이 있습니다. 그러나 베트남 고유의 맛이라기보다는 다른 동남아시아나 아시아계의 나라들의 음식들과 비슷한 맛, 비슷한 조리법으로 만든 음식들이어서 한국인들은 특별히 즐겨먹지는 않는 것 같습니다.

그래서 새로운 음식을 특별히 추천하고 도전을 제안하는 것보다는 쌀국수를 조금 더 다양하게 도전하고 즐겨보는 것을 추천하려고 합니다.

보편적으로 한국인이 생각하게 되는 쌀국수는 소고기 쌀국수인 Pho bo입니다. Pho는 쌀로 만든 면을 뜻하고 Bo는 소고기를 뜻하는데, 사실 Pho는 토핑에 따라 종류가 상당히 다양합니다. 그리고 쌀국수, 즉 쌀로 만든 국수는 Pho 외에도 Bun(분), Banh(바잉), Hu tieu(후띠에우)가 있는데 Bun, Banh도 어떤 토핑이 올라가느냐에 따라 다양한 국수가 나올 수 있습니다. 즉, 쌀국수는 국수의 종류와 토핑의 조합으로 매우 다양한 종류가 만들어질 수 있습니다.

개인적으로 추천하는 것은 어묵, 생선살 등의 해산물이 들어간 분까(Bun ca), 우동처럼 두껍지만 쫀득한 식감의 면 위에 다양한 고명을 얹은 바잉까잉(Banh canh), 볶은 소고기와 다양한 야채들을 함께 비벼먹는 분보남보(Bun bo nam bo)를 추천합니다.

6 – 베트남 많이 더워요? : 북부, 중부, 남부의 계절별 날씨

베트남에서 전기장판 없이 겨울을 나는 것이 어렵다고 이야기하면 잘 믿지 않는 사람들이 많습니다. 베트남에서 사람들이 겨울에 저체온증으로 사망하기도 한다는 사실을 이야기하면 농담인 줄 알고 웃어넘기는 사람들도 많습니다.

그러나 이 내용은 모두 사실입니다.

물론 남부와 북부의 기후가 조금 다르기 때문에 추위에 관해서는 지역별 차이가 있긴 합니다. 그러나 베트남의 기후에 적응해온 베트남 사람들은 한국 사람보다 피하지방층이 얇은 체질이기 때문에 상대적으로 체온을 쉽게 잃어버리고 따라서 한국 사람보다 추위에 약합니다.

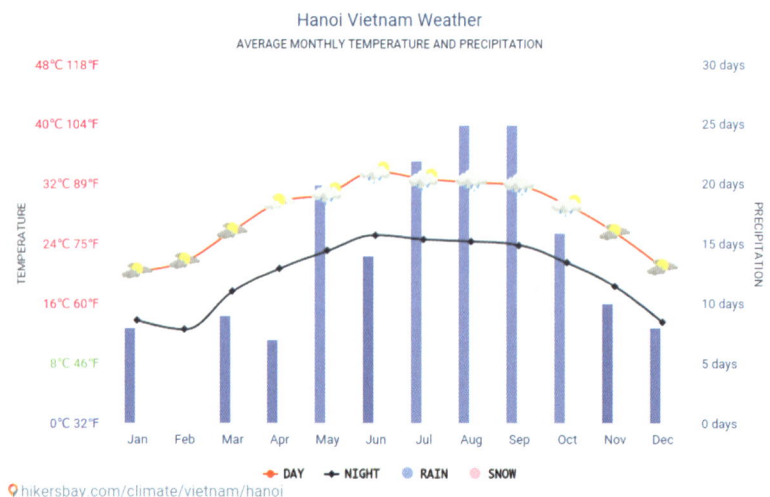

◆ 베트남 하노이의 월별 평균 기온

그래서 영하로 내려가지 않는 베트남의 겨울에도 저체온증으로 인해 사망하는 한국인으로서는 쉽게 믿기 힘든 사건이 발생하기도 합니다.

베트남이 1년 내내 여름의 날씨로 매우 더울 것이라고 생각하는 것은 큰 오산입니다. 물론 베트남은 남북으로 길게 뻗어 있기 때문에 남쪽은 많이 더운 편이고 북쪽은 상대적으로 계절의 변화가 있는 등 지역적 차이가 생길 수밖에 없습니다. 그러다 보니 하노이를 포함한 북쪽지방은 한국만큼 뚜렷하게 구분이 되는 사계절은 아니지만 나름대로의 사계절이 있습니다. 오토바이를 타는 사람들은 겨울에 패딩을 입고 다니기도 하고, 외출시에는 긴팔에 코트정도는 입어야 춥다는 느낌을 받지 않을 수 있습니다.

다낭으로 대표되는 중부지역도 한국의 겨울인 12~2월에는 비가 많이 오고 쌀쌀하기 때문에 이때 뜨거운 햇볕 아래에서 해수욕을 즐기려는 생각으로 다낭으로 여행을 왔다가는 큰 낭패를 볼 수 있습니다.

막연히 베트남이라는 나라는 더운 나라라는 고정관념으로 가볍게 생각했다가는 현지에 도착해서 크게 고생할 수 있으니 방문 혹은 진출

◆ 베트남 우기에 거리가 침수된 모습

하게 되는 해당 지역의 날씨를 미리 조사해서 기후와 날씨에 맞는 복장과 물건을 잘 준비해야 할 것입니다.

◆ 중부, 북부 지역 겨울 풍경

7 - 그랩이 뭔가요?
: 베트남 생활에서 도움이 되는 어플리케이션

베트남은 스마트폰 사용률이 상당히 높습니다. 베트남을 처음 방문하는 사람들이나 베트남으로 처음 진출하면서 현지로 발령을 받은 주재원들이 많이 착각하거나 오해하는 부분이 바로 이 부분입니다.

인건비가 상대적으로 낮다는 이점 때문에 여러 국가의 기업들의 공장이 진출하는 곳인 만큼 아무래도 스마트폰이라는 첨단 시대의 문물을 사용하는 것과 연관지어서 생각하는 것을 어려워하기도 합니다.

물론 도시의 외곽이나 도심을 벗어나 조금만 시골로 이동하면 도시의 편의시설 및 인프라가 도심과 비교해서 현저히 떨어지는 것은 사실입니다.

그러나 이러한 모습과 다르게 베트남 현지인들은 스마트폰 및 IT 분야만큼은 상당히 빠른 속도로 시대를 따라가고 있습니다.

이러한 상황을 반영하듯 사람들은 스마트폰을 이용해서 택시를 예약하고, 음식을 주문하며, 배달을 시킵니다. 그리고 그 결제를 스마트폰을 통해서 하기도 하지요.

물론 이러한 문화는 아주 짧은 기간 동안에 빠른 속도로 발전해 왔습니다.

이런 베트남에서 생활에 도움이 되는 편리한 어플리케이션을 소개해보도록 하겠습니다.

★ Grab – 공유차량 플랫폼

◆ 오토바이 택시, 배달 기사들의 모습

Grab은 싱가포르에 본부를 둔 공유차량 업체로, '동남아시아의 우버(Uber)'라고 불립니다. 말레이시아 출신 앤서니 탄이 처음 구상해서 2012년 서비스를 시작했으며 싱가포르를 비롯해 인도네시아….

네, 너무 딱딱한 회사소개는 그만두고 이 Grab이라는 어플리케이션을 언제 어떻게 사용하면 되는 것인가 하면, 일단 스마트폰에 다운받아서 설치를 하고 회원가입을 합니다.

그러면 지도상에서 목적지의 주소와 현재 나의 위치를 입력하면 택시부터 일반 자동차, 오토바이 택시까지 내가 원하는 차량을 선택해서 호출하고 목적지까지 타고 갈 수 있습니다. 심지어 예상되는 요금이 표시되므로 출발 전부터 정해진 요금대로 이동할 수 있습니다. 일반 택시에 비해 목적지를 설명하지 않아도 되기 때문에 베트남어에 능숙하지 않을 때 더 큰 편리함을 느낄 수 있습니다.

베트남은 자동차보다 오토바이가 훨씬 많은 나라이며, 국가적 차원에서 자동차보다 오토바이의 사용을 권장하고 있습니다. 자동차는 세금이 많은 반면에 오토바이는 세금 면에서 상당히 이점이 있지요. 그러다 보니 베트남 사람들은 오토바이를 보유하는 비율이 상당히 높습니다. 이러한 문화 속에서 자연스럽게 생겨난 문화가 바로 오토바이 택시입니다. 일반 택시와 같은 방식인데, 자동차가 아니라 오토바이를 타고 가는 것입니다. 즉 오토바이 운전자가 돈을 받고 승객을 뒤에 태우고 목적지까지 이동하는 문화입니다.

실제로 길가에 서 있다 보면, 오토바이 운전자가 탑승을 권유하는 경험을 어렵지 않게 할 수 있습니다.

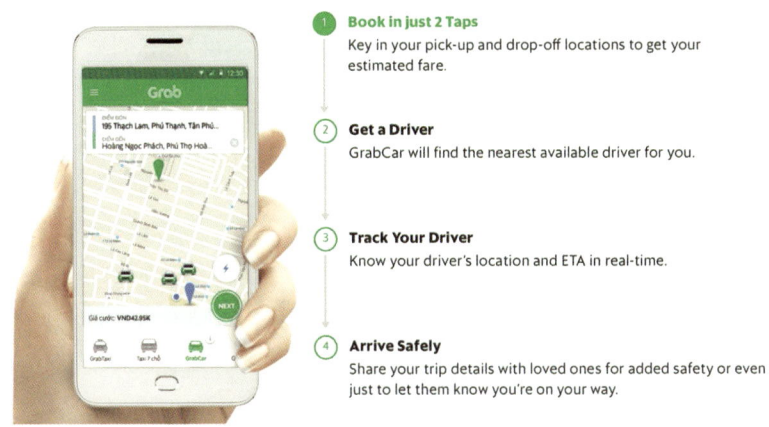

◆ 차량공유 서비스 Grab 그랩 어플리케이션

이러한 문화를 반영하여 Grab에서는 오토바이 택시도 호출이 가능한 것이지요.

Grab 어플리케이션에서는 실시간으로 주변의 Grab 차량의 움직임을 볼 수 있으며, 내가 차량에 탑승한 경우 현재 나의 위치가 어플리케이션 상에 실시간으로 표시되는 등의 편리한 점이 많습니다.

베트남어가 어려운 사람들에게 택시기사와의 언어의 장벽에 부딪히는 일이 없고, 출발시에 이미 요금이 정해지기 때문에 목적지까지 이동부터 금액의 계산까지 편리하게 이용할 수 있습니다.

이러한 장점으로 베트남에서는 Uber가 먼저 진출하였으나 후발주자였던 Grab이 Uber를 제치고 업계 1위를 차지하면서 Uber를 인수하는 결과를 만들었습니다.

더하여 이러한 오토바이 택시 문화를 활용해서 Grab은 음식 배달 서비스인 Grab Food와 물건 배달 서비스인 Grab Delivery를 추가했습니다. 음식을 배송하는 방식은 한국의 배달 대행서비스와 유사하고 물건 배달 서비스는 퀵서비스와 유사하다고 볼 수 있습니다.

언어의 장벽으로 택시를 타고 다니기 어려울 때 사용해보면 상당히 편리할 것 같습니다.

이러한 공유차량 어플리케이션으로 Be, Go-Viet도 있습니다.

★ Foody & Now – 식당정보 공유 및 배달 플랫폼

Foody는 한국의 배달의 민족이나 요기요와 비슷한 서비스라고 생각하면 됩니다.

베트남은 배달 문화가 상당히 발달해 있습니다. 덥고 습한 날씨 탓에 사람들이 외식을 하러 밖에 잘 나오지 않게 되는 것도 있을 것이고, 가게들이 규모적으로 크지 않거나, 에어컨이 잘 설비되어 있지 않기 때문에 사람들이 방문하기 꺼리기 때문일지도 모르겠습니다.

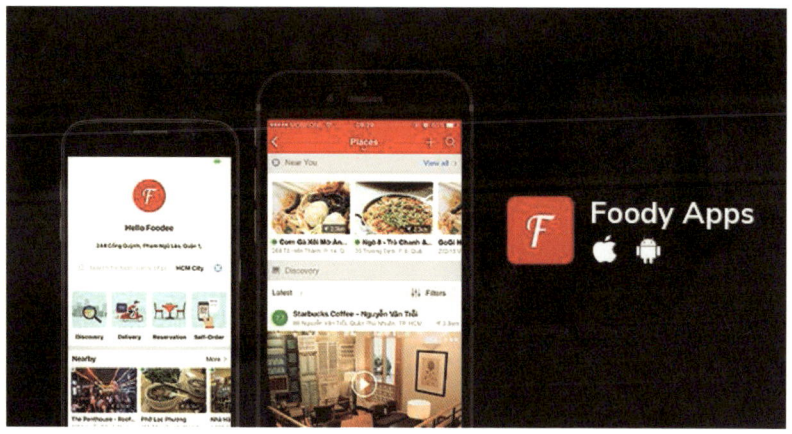

또한 오토바이를 타는 비율이 상당히 높기 때문에 배달을 할 수 있는 인력의 공급이 수요를 한참이나 넘어서기 때문에 배달비가 저렴한 것도 이유가 될 것 같습니다.

Foody 베트남은 이런 베트남의 생활 방식을 잘 파고들어 대도시 레스토랑 리뷰를 전문으로 하는 소셜 네트워크 서비스로 시작을 했고 지금은 베트남 최대의 식당 정보 공유 플랫폼이 되었습니다.

Foody 어플리케이션은 서비스를 이용하는 데 있어서는 세부적으로 Foody를 통해 레스토랑을 검색 및 평가하고, Table Now로 식당을 예약하거나 Delivery Now로 배달을 시키는 기능이 나누어져 있습니다. 하지만 소비자 입장에서는 식당 예약, 배달 모두를 Foody라는 어플리케이션 속에서 한번에 서비스를 누릴 수 있기 때문에 보통이 서비스들을 아울러서 Foody라고 부릅니다. Foody를 이용해서 베트남 로컬 음식을 집에서 편하게 주문해서 먹을 수 있고, 사무실에 음료나 간식을 시켜서 먹을 수도 있습니다.

이러한 서비스를 운영하는 식당정보 공유 및 배달 서비스 어플리케이션으로는 Go-Food, Grab Food 등이 있습니다.

★ MoMo – 전자지갑

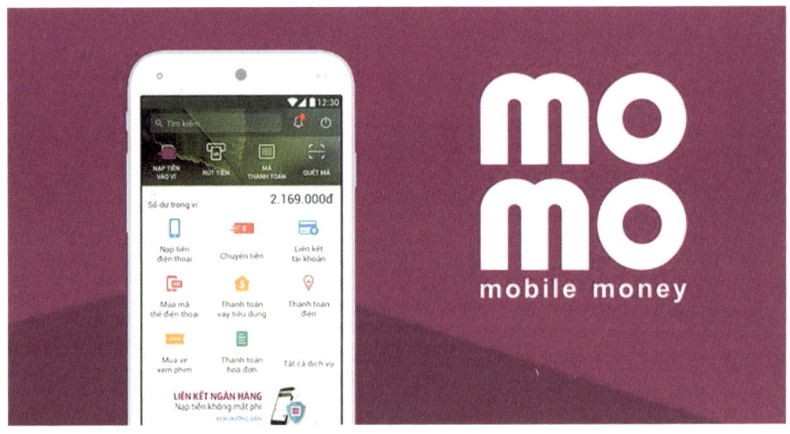

베트남은 아날로그 시대를 지나 디지털 시대로 가는 과도기적 현상을 거치지 않고 급진적으로 디지털 세상으로 넘어온, 어쩌면 한국 사람이 이해하기 쉽지 않은 나라입니다.

그러다 보니 은행서비스는 불편한 점이 매우 많고, 신용카드의 보급률은 매우 낮습니다. 하지만 스마트폰을 활용한 전자지갑의 보급률은 매우 높습니다.

MoMo는 이러한 시장에서 500만 가입자와 5,000여 개의 오프라인 제휴처를 보유한 기업으로 현지 e머니 1위의 전자지갑 어플리케이션 서비스입니다.

전자지갑은 실제 현금이 아닌 전자지갑상의 가상 계좌를 통한 금전거래를 하는 방식으로 온라인 사이트에서 현금을 입금하여 포인트를 구매한 후 오프라인에서 실제로 포인트를 사용해서 거래를 성사시키는 서비스라고 생각하면 이해가 조금 수월할 것 같습니다.

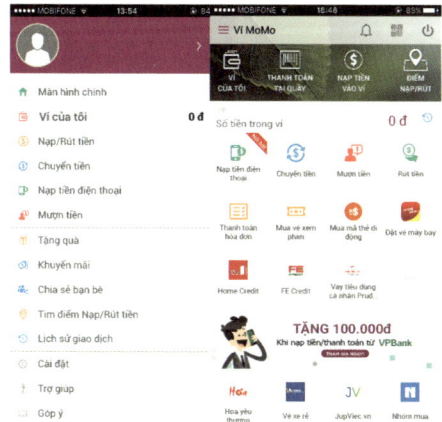

베트남과 같이 신용카드 결제가 불가능한 가게들이 많은 국가에서 신용카드 애스크로 서비스를 가입하고 은행과 연동하여 여신거래를 할 수 있도록 시스템을 구축하는 것보다는 이러한 모바일상의 전자지갑 어플리케이션을 활용하여 저렴하고 손쉽게 시스템을 구축하는 것이 시장에 더 적합하고 유효했던 전략이었습니다.

실제로 가게들은 서비스에 가입하고 QR코드 하나만 인쇄해서 구비해 놓거나, 모바일상의 QR코드를 화면에 띄워 놓으면 결제를 위한 준비가 모두 끝이 납니다.

소비자 역시 전자지갑 어플리케이션에 가입해서 QR코드를 스캔하여 해당 판매자의 지갑으로 e머니(사실상 포인트)를 전송하는 것만으로 결제가 완료됩니다.

이러한 서비스는 스마트폰 보급률이 높은 베트남에서 여신거래의 시스템 구축이 쉽지 않기 때문에 빠르게 성장할 수 있었고, 그로 인해 전자지갑의 사용률과 서비스를 제공하는 기업의 숫자는 급격히 증가하고 있습니다.

MoMo는 그중에서도 1위 서비스답게 디지털 결제뿐만 아니라 모바일 충전에서 더 나아가 신용대출까지 서비스영역을 확장하고 있습니다.

실생활에서도 유용한 서비스를 많이 제공하는데, 전기세나 수도세를 지불하거나 영화표를 예매할 수 있으며, 핸드폰 요금을 충전하거나 기차표를 구매할 수도 있습니다.

MoMo 서비스가 구축되기 직전까지만 해도 베트남은 전형적인 아날로그식 국가로 이 모든 결제를 하기 위해서 시간과 노력을 상당히 들여야 했으며, 입금부터 결제 완료까지도 상당히 오랜 시간이 지체되는 등의 불편함이 많았습니다.

최근에는 이러한 서비스가 어플리케이션 상에서 손쉽게 처리가 가능하게 된 만큼 생활이 매우 편리해졌습니다.

Momo와 유사한 전자결제 어플리케이션으로는 Payoo, VN pay, Napas 등의 상당히 많은 서비스들이 있습니다.

★ 부록
당신의 베트남은 안녕하신가요?

★

부록에서는 이미 베트남에 체류하면서 다양한 경험을 하고 있는 한국인들의 인터뷰를 모아보았습니다. 미래의 계획에 도움이 될 것입니다. 기대하셔도 좋습니다!!

본문에서 미처 다루지 못한 저자의 인터뷰 내용까지 있답니다.

1. 자기소개 부탁드립니다

저는 9년 전 고등학생 때 베트남에 오게 되었고, 여기서 한국 고등학교와 베트남 대학교를 졸업하게 되었습니다. 제가 베트남에서 대학교를 다니고자 결심하게 된 이유는, 당시 무엇을 해야할지 진로에 확신이 서지 않았던 제게 우선 언어를 공부하는 것이 나중에 진로를 확실하게 결정했을 때, 많은 도움이 될 것 같다고 판단했었기 때문입니다. 이와 같은 이유로 저는 베트남어와 영어를 동시에 공부할 수 있는 베트남 영어학부에 들어갔고, 그곳에서 영어와 베트남어 통역 및 번역을 배웠을 뿐 아니라 현지 친구들과도 어울리며 이곳의 문화 또한 체험할 수 있었습니다. 물론 베트남어가 모국어인 현지 친구들에 비해서 베트남어가 모국어가 아닌 저에게 통역이나 번역 수업 그리고 베트남어로 들어야 하는 철학 수업들이 따라가기 어렵고 힘들기도 했었고, 학교 내부 환경도 여름에는 에어컨도 없는 교실, 수강 인원에 비해 부족한 비좁은 책상과 의자 등등 열악하고 힘들었던 기억이 있지만, 그래도 지금 생각해보면 자연스럽게 언어도 익힐 수 있었고, 색다른 경험을 통해 세상을 바라보는 눈을 조금 더 키울 수 있는 좋은 경험이었습니다.

2. 베트남에서 하시는 일은 무엇인가요?

회사원입니다...!

3. 베트남에 오기를 잘했다고 생각한 경험이 있다면 나누어주세요

베트남에 오기를 잘했다고 생각한 경험은 여러가지가 있지만 그중

기억나는 것은, 제가 처음 통역을 하러 가던 날 베트남에 오길 잘했다는 생각이 들었던 기억이 나요. 사실 한국에 있었다면, 내가 통역이라는 것을 할 기회가 있었을까? 하는 생각이 들었는데, 아무래도 아직까지는 베트남어는 영어를 잘하는 사람만큼 대중화 되어 있지 않은 언어라서 좋은 기회가 잘 주어지는 편인 것 같아요. 그래서 저는 그런 크고 작은 기회가 주어질 때 베트남에 잘 왔다는 생각이 들어요! 그리고 한 가지 더 추가하자면... 여유로움을 쉽게 느낄 수 있어서 베트남에 잘 왔다는 생각이 종종 들어요! 잘못하면 너무 여유로워서 나태해질 때도 있지만, 그래도 여유로움이라는 키워드가 베트남에 있는 게 행복하다고 느껴지는 이유 중 하나예요!

4. 베트남 생활 중에 만만치 않았던 경험이 있으시다면 알려주세요!!

제가 생각할 때 베트남은... 어떤 일을 하나 처리하는 과정에 있어서 기다림이 필요한 경우가 많아요. 그래서 학교에서 처리할 일이 있을 때마다, 여러번 학교에 찾아가거나 오랫동안 기다렸던 기억이 나네요 :) 그런데, 장점이 있다면 내가 기다려야 하는 만큼 베트남 분들도 기다려야 하는 상황일 때 재촉하지 않고 기다려주시는 경우가 많아요! 그래서 전 느긋하게 일을 해결하는 게 베트남 문화라고 생각하는데, 그런 부분을 어려워하시는 분들이 계시다면 아마 만만치 않은 경험을 많이 하시게 될 것 같아요.

5. 베트남 생활에서 가장 즐겨 먹는 음식은 무엇인가요?

저는 베트남 음식을 대체로 잘 먹는 편이고 좋아하는 음식도 많은데!! 그중 하나를 이야기한다면 '퍼'예요! 가장 흔하게 접할 수 있기도 하고 그만큼 맛집도 많고 싸서 가장 즐겨먹는 베트남 음식입니다.

6. 베트남에서 휴일에는 어떤 활동을 즐기시나요?

예쁜 카페 찾아다니며 책 읽는 것 즐겨합니다! 베트남에 예쁜 카페가 되게 많아요!

7. 앞으로 올 사람들에게 한 말씀 부탁합니다!

긍정적인 마음가짐으로 문화를 잘 이해하시고, 베트남어 공부를 즐기면서 하시면, 정말 소중한 추억 쌓으면서 베트남 생활을 하실 수 있으실 거예요!! (겨울옷도 챙겨오세요)

1. 자기소개 부탁드립니다

트리코 방정환 부장입니다. IT 분야에서 20년 동안 꾸준히 일을 하고 있으며, 현 직장에서 국내/해외 계열사 및 관계사의 ITO 일을 하다가 3년 전부터 동남아시아로 진출하여 IT 및 부동산(복합 리조트, 태양광 발전소 시공, Room Management System 등) 관련 사업을 진행 중에 있습니다.

2. 베트남에서 하시는 일은 무엇인가요?

Total solution (S/W, H/W) 사업과 부동산 건설 및 시공 사업을 진행하고 있습니다. S/W는 베트남 하이퐁 LGE 전산 유지보수 및 생산공장 업체에 ERP, MES, SPC, POP 등의 시스템을 구축하고 있으며, H/W는 전산실 구축 및 공장 운영에 필요한 Infra 공사를 진행하고 있습니다. 한국 LG 전자 BS본부와 협업으로 리조트 및 호텔에 Room Management System 시공 사업도 진행중입니다. 향후 사업 확장 개념으로 한국 Comax와 MOU 계약을 진행하였으며, 동남아시아에 Smart City 건설을 진행하려하고 있습니다.

3. 베트남에 오기를 잘했다고 생각한 경험이 있다면 나누어주세요

베트남에는 많은 한국 IT 회사들이 진출해 있었지만, 지금은 많이 철수하거나 사업 규모를 축소한 상태입니다. 이런 상황에서 고객사에게 신뢰를 바탕으로 진행하다보니 자연스럽게 고객분들이 불러 주시는 경우가 있습니다. 앞으로 초심을 잃지 않고 사업을 진행한다면 좋은 성과가 있을 것으로 기대됩니다.

4. 베트남 생활 중에 만만치 않았던 경험이 있으시다면 알려주세요!!

IT 회사를 기준으로 말씀 드리면 베트남 업체들과 단가 차이가 많이 발생하는 부분이 있습니다. 베트남에서 제조사 및 총판, 딜러 들의 현황을 잘 파악하여 진행하시는 것이 무엇보다 중요하다고 생각합니다.

5. 베트남 생활에서 가장 즐겨 먹는 음식은 무엇인가요?

분짜, 해산물 등을 많이 먹게되는데, 한국 식당도 많아 주로 한식을 이용하고 있습니다.

6. 베트남에서 휴일에는 어떤 활동을 즐기시나요?

골프 및 헬스를 합니다. 저는 하이퐁에 거주하는데 등산을 하려면 최소 차량으로 한 시간 이상 이동해야 하는 번거로움이 있습니다.

7. 앞으로 올 사람들에게 한 말씀 부탁합니다!

베트남은 장기적인 사업 계획을 수립하시고 진출하셔야 합니다. 계획 없이 진출 후 실적이 뒷받침해주지 않으면 견뎌내기가 쉽지 않습니다. 계획 수립시 고정 실적과 유동 실적을 분석하여, 최소 3년간은 회사를 유지할 수 있도록 하셔야 합니다. 현 베트남 시장도 어렵다고는 하지만 분명 신규 영업이 가능한 곳이 많이 있습니다.

1. 자기소개 부탁드립니다

안녕하세요, 저는 30대 청년 차주원입니다. 베트남은 2017년 10월에 처음 왔고 현재까지 하노이에서만 거주하고 있습니다. 사업을 하시는 친척의 권유로 처음 베트남에 오게 되었으며, 현재 하노이 소재 한국 회사에서 일하고 있습니다. 국제학과와 시각디자인을 복수전공하여 여행을 많이 다녔고, 예술을 사랑합니다. 베트남에는 자발적으로 온 것이 아니기 때문에 어떤 큰 포부 없이, 젊었을 때 해볼 수 있는 좋은 경험이라 생각하여 가벼운 마음으로 왔습니다. 처음에는 도시 치안이 너무 좋고, 사람들도 친절하고 유쾌하여 적응에 큰 어려움은 없었습니다. 무엇보다 한국 교민이 워낙 많기 때문에 가끔은 내가 한국에 살고 있나 하는 착각을 하기도 합니다. 하지만 3년 정도 되어가니까 가끔은 깨끗하고 정돈된 한국이 그립기도 하네요. 그래도 아직 여름이 오지 않아 날씨마저 좋은 하노이가 아직은 좋습니다.

2. 베트남에서 하시는 일은 무엇인가요?

저희 회사는 베트남에서 자라는 열매를 캡슐화한 건강기능식품을 개발하여 현재 하노이에서 판매하고 있으며, 향후 한국, 중국 등으로 수출을 계획하고 있습니다. 지금까지는 법인 설립자로서 기존에 이미 만들어진 비즈니스 모델을 현실로 구현하는 역할을 했습니다. 상품 생산부터 중간 유통 및 최종 판매까지의 모든 과정에 필요한 요소들을 현지에서 직접 찾아 목적에 맞게 가공했고, 상품 판매 촉진을 위한 광고 및 마케팅 업무까지 했습니다. 현재는 영업 조직을 갖추어가고 있는 상태이고, 회사 대표도 베트남에 자주 오기 때문에 영업은 거의 하지 않고 있으며 지금은 주로 온라인 마케팅, 신상품 인허가 및 한국 수출 관련 업무를 하고 있습니다.

3. 베트남에 오기를 잘했다고 생각한 경험이 있다면 나누어주세요

'이렇게도 돈을 버는구나'라는 느낌을 받을 때, 이곳에 오길 정말 잘했다는 생각이 듭니다. 회사에서의 역할 때문이기도 하지만 이곳에서는 정말 다양한 분야의 열정 넘치는 사람들을 쉽게 만날 수 있습니다. 여전히 잠재력이 높은 베트남 시장에서 새롭게 무엇을 시작하려는 분들도 많고, 이미 자리를 잡은 분들이라 할지라도 또 한 번의 기회를 잡기 위해 사람들과 정보를 공유하며 새로운 비즈니스를 준비하기 때문에 이런 분들을 만나게 되면 삶에 대한 열정과 도전 정신 등을 간접적으로 배우게 됩니다. 또 한 가지는 '해외'에 거주하는 것만으로도 얻을 수 있는 일종의 자유로움입니다. 치열한 경쟁과 높은 물가로 청년들에게는 참으로 팍팍한 한국에서 빠져나와 다소 느리긴 하지만 여유가 있는 삶을 살 수 있다는 게 저는 마음에 듭니다. 또한, 제가 속한 사회에서 만들어진 각종 구속과 인간관계의 굴레에서 벗어나 잠시 그늘에 들어가 쉬고 있는 열외자 같은 삶은 이런 자유로움을 극대화합니다.

4. 베트남 생활 중에 만만치 않았던 경험이 있으시다면 알려주세요!!

베트남이기 때문에 어려웠던 것은 크게 없었던 것 같습니다. 물론 힘든 순간들도 있었지만 베트남이기 때문에 힘들었다기보다는 누구나 겪는 삶의 어려움이었던 것 같습니다. 초기에는 주변에 아는 사람이 없었기 때문에 외롭기도 하고, 가끔은 쉽게 우울해지기도 했지만 시간이 지나고 주변에 사람들이 생기면서 이 또한 자연스럽게 해결이 되었습니다. 아무래도 한국 사람들이 많이 살다 보니까 한국 식당도 많고, 한국 제품들도 쉽게 구할 수 있어서 생활에 불편함은 크게 없습니다. 그래도 굳이 하나를 뽑아야 한다면 제가 사랑하는 가족들을 자주 못 본다는 점을 들 수 있을 것 같습니다. 한국에 있을 때는 가족끼리 매주 만나 맛있는 것도 먹고, 가족 여행도 자주 가고 그랬는데, 지금은 통화밖에 할 수 없어서 조금은 아쉽습니다. 그래도 4시간 비행이면 한국에 닿을 수 있어서 위안이 되기는 합니다.

5. 베트남 생활에서 가장 즐겨먹는 음식은 무엇인가요?

저는 한식을 주로 먹고 외식할 때는 일식을 많이 먹는 편입니다. 절반은 집에서, 절반은 외식을 하는데 집에서 먹을 경우 요리를 못해서 주로 반찬 가게에서 반찬을 사서 밥만 따로 지어 먹습니다. 제가 즉석밥을 먹지 않아 밥은 꼭 잡곡으로 지어 먹습니다. 반찬은 주로 진미채 볶음, 콩자반, 두부조림 등을 사고 여기에 김치, 김, 참치 등을 더한 전형적인 자취생 식단으로 끼니를 해결합니다. 미역국, 육개장과 같은 즉석식품도 가끔 먹는 편입니다. 외식을 할 때는 집 근처 가까운 일식집을 이용합니다. 현재 일본인들이 모여사는 지역에 거주하고 있어서 주변에 일본 식당이 많기도 하고 워낙 일식을 좋아합니다. 베트남 음식은 쌀국수를 제외하고는 특별한 손님이 오지 않는 이상 거의 먹지 않습니다. 기름진 음식을 좋아하지 않을뿐더러 베트남 음식은 이상하게 포만감이 적습니다. 대신 해장은 꼭 쌀국수로 합니다. 베트남이 의

외로 배달 문화가 발달해서 웬만한 음식들은 거의 배달이 가능하지만 자주 시켜먹지는 않습니다. 오히려 집밥을 선호하는 편입니다.

6. 베트남에서 휴일에는 어떤 활동을 즐기시나요?

베트남이기 때문에 다른 취미를 가지게 된 것은 골프입니다. 동남아시아에서 저렴한 편은 아니지만 그래도 한국에 비해 골프를 배우고, 즐기기 좋은 환경이기 때문입니다. 그 외에는 한국에서와 비슷하게 시간을 보냅니다. 주말/휴일에는 보통 카페에서 책을 읽고, 친구와 호수를 뛰거나 골프/축구와 같은 운동을 합니다. 친구들을 만날 경우에는 주로 한국 고깃집에 가서 술을 마시기도 하고, 가끔은 클럽에 가기도 합니다. 베트남에 몇 없는 휴일에는 하노이 인근 관광지로 홀로 떠나 실컷 책 읽다 옵니다. 특히 한두 시간 거리의 하노이 인근에는 산으로 둘러싸여 조용하고 아늑한 곳이 많아 머리를 식히러 가기 딱입니다. 누구에게 방해받는 걸 싫어해서 주로 혼자 시간을 보내는 편인데, 빼곡한 산들이 비치는 호수를 바라보며 책 읽는 시간이 저에게는 가장 행복한 시간이 아닌가 싶습니다.

7. 앞으로 올 사람들에게 한 말씀 부탁합니다!

해외 취업 세미나를 통해 혹은 현지에서 직장 생활을 하고 있는 친구들을 통해 들어보면 생각보다 본인이 어떤 일을 하게 될지 모르고 오는 친구들이 많습니다. 해외에서 일하게 되면 즐거움이 두 배로 느껴지지만, 힘든 순간도 두 배로 느껴집니다. '내가 이러려고 여기까지 왔나'라는 생각이 들기 십상입니다. 그래서 여기서 내가 할 일이 무엇인지, 내가 만족할 조건인지를 충분히 고려해보는 게 필요합니다. (물론 저도 아무 생각 없이 왔습니다.) 또 한 가지는 한국만큼 놀거리가 다양하지 않고, 만들 수 있는 친구도 한계가 있기 때문에 '외로움'이란 큰 벽을 결국 못 넘고 다시 돌아가시는 분들도 많습니다. 앞에서 말씀드렸다시피 우울하고 외로운 감정도 두 배니까요.

1. 자기소개 부탁드립니다

87년생 김정아입니다.

2. 베트남에서 하시는 일은 무엇인가요?

현재 취업준비생 또는 백수입니다. 베트남에 머문 지난 6년 동안 직장인, 사장을 거쳐 (그 사이 결혼도하고), 지금은 외국인들에게 한국어를 가르치는 한국어 선생님이 되고 싶어 열심히 공부 중입니다.

3. 베트남에 오기를 잘했다고 생각한 경험이 있다면 나누어주세요

새로운 일을 꾸미고 시작할 때마다 베트남에 오길 잘한 것 같습니다. 기존의 분야와는 다른 새로운 직종으로 이직을 결정했을 때도, 직장생활을 그만두고 자영업의 길로 들어섰을 때도, 사장의 타이틀을 버리고 선생님이 되고자 결심했을 때도. 모든 새로운 시작을 할 때마다, 한국이 아니라 베트남에 있었기에 가능했다고 생각합니다. 부모님의 기대에서도, 주변의 평가에서도, 한국의 기준에서도 물리적으로 멀리 떨어진 곳에 있었기에 나에게만 집중하고 결정할 수 있었다고 생각합니다. 다만 베트남의 활발한 경제 성장 (일자리 창출), 저렴한 물가, 한국 사람에 대한 호의, 여유로운 사고방식이 없었다면, 단지 타국에 있다고 해서 이런 경험을 쉽게 할 수 있었다고 생각하지 않습니다.

4. 베트남 생활 중에 만만치 않았던 경험이 있으시다면 알려주세요!!

한국 기준에 비하면 현저히 떨어지는 공공질서 의식과 에티켓, 답답한 일 처리 방식과 속도에 힘들 때가 많았습니다. 하지만 그건 사람을 상대하는 일에 비하면 아무것도 아닙니다. 한국에서 보지 못한 새로운 유형의 한국 사람들을 여기 베트남에서 꽤 만났는데, 베트남에 오래 있었다는 이유로 무엇이든지 가르치려 드는 사람, 그리고 이를 이용해 사기 치려는 사람, 또 한국인이 벼슬이라도 되는냥 베트남 사람들을 하대하는 사람. 직장에서 또는 고객으로서 그들을 대해야 할 때 세상 어느 곳에서나 사람을 대하는 일이 가장 힘들다는 걸 알게 되었습니다.

5. 베트남 생활에서 가장 즐겨먹는 음식은 무엇인가요?

최근 가장 즐겨 먹는 음식은 집밥 한식입니다. 한국 식자재 마트가 많아져서 물건을 구하기 쉬워졌습니다. 베트남 생활 초반에는 베트남식을 주로 먹었는데, 특히 쌀국수(Pho bo), 분짜(Bun cha), 후띠우(Hu tieu)를 가장 좋아했고 지금도 즐겨 먹습니다.

6. 베트남에서 휴일에는 어떤 활동을 즐기시나요?

직장생활 할 때에는 휴일이 너무나 귀했기 때문에 아침 일찍 일어나 마사지, 네일샵, 핫한 식당 가기, 쇼핑하기로 하루를 꽉꽉 채워 썼다면, 지금은 늦잠자고, 수영하고, 일주일치 장보는 것으로 느긋하게 휴일을 보내고 있습니다.

7. 앞으로 올 사람들에게 한 말씀 부탁합니다!

20-30이라면 일단 와보세요. 경험해 보세요. 그리고 결정하세요. 40대 이상이라면, 가벼운 마음으로 오지 않을 거라고 믿어요.

1. 자기소개 부탁드립니다

하노이 거주 8년차 30대 후반 여성입니다. 한국 NGO에서 근무하다가 해외 현지 파견 직원으로 베트남에 오게 되었고, 하노이 소재 한국 NGO에서 일해오다가 현재는 NGO 프로젝트 프리랜서로 일하고 있습니다.

2. 베트남에서 하시는 일은 무엇인가요?

베트남 농촌 및 산간 지역 저소득층 대상 후원금 지원 및 관련 후원 프로그램 진행, 한국 청년 및 기업의 봉사활동 기획 및 현지 활동 지원 등 국제개발협력 관련 프로젝트를 담당해오고 있습니다.

3. 베트남에 오기를 잘했다고 생각한 경험이 있다면 나누어주세요

NGO에 관심이 있는 분들이면 해외에서 개발업무를 한번은 꼭 해보고 싶으실 겁니다. 저 또한 베트남에 오기 전부터 계속 기회를 보고 있었지요. 방글라데시나 네팔과 같은 다른 개발도상국과 비교하여 베트남은 도시일 경우 불편 없이 지낼 수 있을 정도로 생활 편의 시설이 잘 되어 있는 편이어서, 큰 어려움 없이 해외 NGO 경험을 하실 수 있습니다.

4. 베트남 생활 중에 만만치 않았던 경험이 있으시다면 알려주세요!!

국제개발협력 업무 특성상 현지인들과 소통하고 함께 활동하는 시간들이 많습니다. 초기에는 베트남어를 한 마디도 못했기 때문에 업무를 진행하고 현지인들과 대화하는 데 있어 제약이 많이 따랐습니다.

또한 현지 농촌이나 산간 지역을 방문할 경우 현지에서 정성스럽게 식사를 대접하시는데, 덜 익힌 닭고기나 구더기로 만든 요리 등 익숙하지 않은 음식들을 아무렇지 않은 듯 맛있게 먹는 모습을 보여줘야 해서 곤혹스러울 때도 있었습니다. 그리고 현재까지도 적응이 되지 않는 베트남 하노이의 타는 듯한 무더위의 여름과 습도 90%인 겨울 날씨 및 미세먼지 입니다.

5. 베트남 생활에서 가장 즐겨먹는 음식은 무엇인가요?

베트남 생활 초기에는 베트남 음식 맛집을 다니며 분짜, 퍼, 분보남보 등 베트남 음식을 많이 먹었고, 최근에는 집에서 한식을 만들어 먹습니다. 하노이에는 한국식료품 마켓이 많고, 베트남 현지 마트에서도 한국 식재료를 쉽게 구할 수 있어서 한국 음식을 만드는 데 어려움이 없습니다.

6. 베트남에서 휴일에는 어떤 활동을 즐기시나요?

베트남 생활 초기에는 다낭, 달랏, 사파 등 베트남의 관광지를 여행하거나 하노이 시내 맛집과 까페를 탐방했었고, 최근에는 집 인근 까페에서 지인들과 만나거나 집에서 영화나 드라마를 보고 있습니다.

7. 앞으로 올 사람들에게 한 말씀 부탁합니다!

해외 NGO 업무에 관심이 많은 분들이라면, 베트남보다는 다른 국가를 선택하시는 걸 추천드립니다. 베트남은 이미 많이 발전한 현대화된 곳입니다. 대도시에는 스타벅스, 맥도날드, 백화점이 즐비하고,

먹고 싶은 음식은 배달 앱을 통해 시켜먹을 수도 있으며, 가고 싶은 곳이 있다면 grab을 통해 에어컨이 나오는 자가용으로 갈 수 있는 곳입니다. 더 도움이 필요하나 찾아가지 않는 다른 저소득국가로 가시길 바랍니다.

1. 자기소개 부탁드립니다

베트남 5년 차, 올해 결혼식을 올린 하노이 새댁입니다.

대학 졸업 후 해외 취업을 준비하고 있었던 터라, 베트남어 연수 후 현지 취업으로 연계되는 해외 취업 프로그램 지원에 흥미를 느꼈습니다. 또한 대학 시절 베트남 중남부 지역에 봉사 활동을 다녀온 경험이 있어 '베트남'이라는 나라에 대한 거부감이 없었습니다. 5년 전, '베트남에 한번 가보자!'라는 생각에서 시작된 도전이었지만, 지금은 '베트남에서 한번 해보자!'라는 마음으로 열심히 일하고 생활하고 있습니다.

2. 베트남에서 하시는 일은 무엇인가요

한국 기업 해외 투자 컨설팅 회사에서 근무하고 있습니다. 해외 진출 시 현지 행정, 법률 관련 업무를 믿고 맡길 수 있는 현지 전문가가 필요한데, 고객들의 성공적인 베트남 진출 및 사업 전개를 위해서 관련 업무를 지원하는 회사입니다.

3. 베트남에 오기를 잘했다고 생각한 경험이 있다면 나누어주세요

2016년 여름, 9개월 만에 한국에 가서 친구들을 만났는데 절반 이상의 친구들이 차를 가지고 있었습니다. '한국은 28살에 차 사는 게 유행이다.'라며 친구가 우스갯소리를 했지만 그만큼 나이에 따라 갖춰야 할 것들, 해야 할 일들이 어느 정도 정해져 있는 것 같았습니다. 베트남에서 지내면서 내가 나이가 들었다는 생각을 한 적이 별로 없는데, 한국에 가면 '사회가 바라는 나이에 맞는 기대와 기준'이 있다는 것을 느겼습니다. 이러한 관점에서 한국보다는 '남이 하니까 나도'라는 분위기에 쉽게 휩쓸리지 않습니다. 한인도 많아지고 자연스럽게 또래 집단에서 비교하는 문화가 생기지만 본인이 스스로 한계를 두지 않는다면 다양한 방면에서 새롭게 시도해 볼 수 있는 것들이 많습니다. 또한 자신만의 목표를 향해 한 발씩 나아가는 지인들을 통해 배우는 점이 많아, 젊은 시절 베트남에 나와보길 잘했다는 생각이 듭니다.

4. 베트남 생활 중에 만만치 않았던 경험이 있다면 알려주세요!

요즘은 한인들이 많이 거주하고, 인프라도 발달하여 손쉽게 필요한 것들을 구매할 수 있습니다. 그렇지만 저희는 외국인이기에 아플 때, 곤란한 상황이 발생하기도 합니다. 증상에 대하여 모국어로 정확한 진단을 받고자 한인 병원을 찾는데, 기본 진료비만 2만원 이상입니다. 그나마 경미한 증상일 경우 약을 처방 받고 낫지만, 정밀 검사 혹은 수술이 필요한 경우에는 비용뿐만 아니라 의료 기술이 차이가 나기 때문에 한국으로 가야 합니다.

남편도 소화가 잘 안되고 속이 불편하여 베트남 병원을 방문한 적이 있습니다. 소화 불량으로 진단하여 소화제와 위장약을 처방 받았으나, 증상이 악화되어 한인 병원에 갔더니 간 수치가 높아 한국으로 바로 갈 것을 권유 받았고 그날 밤 비행기를 타고 한국으로 출국하였습니다. 해외에서는 특히 몸조심해야 하며 늘 건강에 신경 써야 한다는 점을 새삼 깨닫게 된 경험이었습니다.

5. 베트남에서 가장 즐겨먹는 음식

베트남에 살고 있지만 한식을 주로 먹습니다. 한식이 제일 입맛에 맞고 질리지 않기 때문에 하루에 한끼는 한식을 챙겨 먹습니다.

하지만 개인적으로 베트남 음식을 좋아하고, 베트남 음식 중에도 별미가 많기 때문에 종종 베트남 음식을 먹으러 갑니다. 쌀국수는 어디서나 쉽게 사먹을 수 있는 대표적인 베트남 음식이라 주말 아침 동네 산책 후 쌀국수 한 그릇을 먹으면 간단하면서도 든든한 아침 한 끼가 됩니다. 한국에서도 몇 년 전부터 베트남 음식이 유행하고 있고 유명한 체인점도 많이 생긴 것으로 알고 있습니다만, 원조는 '하노이'죠! 유명 체인점에서 쌀국수 한 그릇을 다 먹고 갓 짠 신선한 과일 주스를 마실 때, '아~ 내가 베트남에 있구나' 다시금 느낍니다.

6. 베트남에서 휴일에는 어떤 활동을 즐기시나요?

베트남에 거주하는 외국인 수가 많아지고, 베트남 소득 수준이 높아지면서 예전에 비해 외국인 또는 한국인 취향에 맞는 맛집, 옷집, 카페…가 많이 생기고 있습니다. 주말에는 이러한 핫플레이스를 방문하기도 하고 평일에 못했던 운동을 하기도 하고, 남편과 데이트를 즐기기도 합니다. 요즘은 보드 게임에 흥미를 느껴 친한 지인들과 삼삼오오 모여 수다도 떨고, 게임도 하면서 휴일의 여유로움을 만끽합니다.

7. 앞으로 올 사람들에게 한 말씀 부탁드립니다

'베트남이 뜬다.'는 막연한 기대감을 가지고 온다면, 막상 눈앞에 펼쳐진 현실에 많이 실망할 수 있습니다. 뿌연 하늘과 더운 날씨, 아직 정리되지 않은 사회 기반 시설, 한참 진행 중인 공사 현장들.. 모든 일에는 장단점이 있듯이, 베트남 생활도 장단점이 있습니다. 해외 생활을 하다 보면 불편한 점, 어려운 점이 있지만 직접 해보면서 문제를 해결하다 보면 이 책의 저자와 같이 자신만의 내공이 쌓이게 됩니다.

　외국인으로서 베트남을 평가하는 자세보다는 문화를 배우고 이해하려는 마인드를 가지고 오신다면 작은 것 하나도 흥미롭게 느껴질 수 있는 재미있는 나라입니다. 부딪히면서 배우고자 하시는 분, 불편함을 기꺼이 감내하면서 성장하고 싶으신 분들이 오시면 다양한 산업이 어우러져 성장하고 있는 베트남의 매력을 느끼실 수 있을 것 같습니다.

1. 자기소개 부탁드립니다

안녕하세요, GYBM 3기 김헌준 입니다. GYBM 후배지만, 양난희 작가님보다 나이는 조금 더 많습니다.

2. 베트남에서 하시는 일은 무엇인가요?

처음에는 봉제를, 그리고 지금은 전자 부품회사에서 경영지원 업무를 하고 있습니다.

3. 베트남에 오기를 잘했다고 생각한 경험이 있다면 나누어주세요

해외에서 나 혼자만 살아갈 수 없고, 주변에 믿을 수 있는 사람들이 있어야 오랜 해외생활이 가능하다고 생각합니다. 저와 함께 베트남에서 생활하고 있는 선후배들, 동기, 친구들은 베트남이라는 곳에서 만난 사람들입니다. 제가 베트남에 오지 않았다면 만나지 못했을 감사한 인연이라고 생각합니다.

베트남에 와서 열심히 생활해서 대우세계경영연구회에서 주는 상도 받아봤고, 모교인 아주대학교에서 총장님이나 학교 관계자분들이 베트남에 오시면 만나 뵈었습니다.

한국에 있는 지인들이 베트남 관련해서 여행지, 맛집부터 업계 사람들 소개 등 요청이 오면 제가 아는 범위 내에서 답해주고 고맙다는 말을 들을 때도 소소하게 베트남을 오길 잘했다라는 생각이 듭니다.

4. 베트남 생활 중에 만만치 않았던 경험이 있으시다면 알려주세요!!

코로나 기간 때 외출 제한으로 집-슈퍼 이동만 가능했을 때, 구 여친 현 와이프랑 1년여간 떨어져 있었을 때가 가장 힘들었던 경험이었습니다.

5. 베트남 생활에서 가장 즐겨먹는 음식은 무엇인가요?

한식입니다. 베트남 음식도 서양식도 자주 먹지만, 뭐니뭐니해도 한식이죠. 와이프랑 장모님이 해주는 음식이 가장 맛있습니다.

6. 베트남에서 휴일에는 어떤 활동을 즐기시나요?

운동도 하고 책도 보고 쇼핑도 하고 드라마도 보고 친구들도 만나고 한국에서 있으면 하는 모든 생활들을 여기에서 합니다.

7. 앞으로 올 사람들에게 한 말씀 부탁합니다!

요즘은 인터넷이 발전되어 있어서 베트남에 대해 많이 찾아볼 수 있습니다.

그 정보들이 다 맞는 것도, 다 틀린 것도 아니지만 본인의 굳은 결심과 사전에 찾아본 정보들을 취합했을 때 베트남에 나오는 것이 맞다고 생각하시면 실행에 옮기시면 좋을 것 같습니다.

베트남 나오기 전에 계획한 대로 진행되지 않는다는 점, 그럼에도 불구하고 끈기를 가지고 끝까지 해보셨으면 좋겠습니다.

1. 자기소개 부탁드립니다

40대 초반 남성으로 베트남에 진출한 한국기업에서 근무하고 있습니다. 한국에서 6년간의 직장생활 후 베트남으로 오게 되었습니다. 여기서 7년이 흘렀으니 어느덧 베트남에서의 직장생활이 한국보다 오래되었네요.

2. 베트남에서 하시는 일은 무엇인가요?

재무 관련 업무를 하고 있으며 구체적으로는 베트남 현지법인의 원가계산 및 손익보고 업무입니다.

3. 베트남에 오기를 잘했다고 생각한 경험이 있다면 나누어주세요

무엇보다도 첫 해외생활이라 걱정도 많았지만 한국이랑 상대적으로 가깝고 이곳 하노이에는 케이마켓 등 한국인을 위한 인프라가 그 어떤 나라보다 잘되어있어 해외이면서도 한국 못지 않게 생활할 수 있어 좋았습니다.

4. 베트남 생활 중에 만만치 않았던 경험이 있으시다면 알려주세요!!

처음 왔을 때 세 들어 사는 아파트에 내는 공과금도 평일 근무시간 내에 처리해야 해서 난감했던 적이 있었습니다. 베트남 현지직원들의 도움으로 해결했습니다만 초창기에 익숙하지 않은 터라 많이 힘들었네요. 그리고 요즘에 Grab이라는 공유차량 서비스가 있지만 택시를 탈 때마다 제대로 목적지에 가고 있는지 노심초사 한 적이 많았습니다.

5. 베트남생활에서 가장 즐겨먹는 음식은 무엇인가요?

향채(고수)를 싫어하는 터라 여러 가지를 먹지는 못하지만 분보남 보, 분짜, 바잉쎄오 등이 있습니다.

6. 베트남에서 휴일에는 어떤 활동을 즐기시나요?

CGV가 베트남에서 1등 영화사업자인 만큼 한글자막이 있는 외국 영화 또는 한국 영화를 쉽게 접할 수 있어서 틈나는 대로 즐겨 찾고 있 습니다.

7. 앞으로 올 사람들에게 한 말씀 부탁합니다!

한국보다 경쟁이 덜하긴 하지만 언어적인 부분이 준비되어 있지 않 다면 쉽지 않다는 걸 말씀드리고 싶네요. 하노이는 소득 대비 부동산 가격이 세계에서 가장 높은 곳입니다. 일이 본궤도에 오르기 전까지 충분한 자본이 있어야 하고 한국사람만을 상대로 하는 비즈니스는 이 미 포화상태이니 신중히 생각하시는 게 좋을 거 같습니다.

1. 자기소개 부탁드립니다

베트남 9년 차 베린이 김보원입니다. 2012년 달랏에서의 첫 걸음을 시작으로 베트남이 좋아서, 베트남 사람들이 너무 사랑스러워서 눌러앉아 벌써 이렇게 되었네요. 새로운 곳들을 두 눈으로 직접 보고 두 발로 직접 밟는 것을 좋아하는 역마살이 강력하게 낀 제 인생. 이제는 인천공항이 아닌 하노이 노이바이 공항에 도착해야만 '아, 이제 집에 왔구나'라는 편안함이 느껴지는 베트남인이 되었네요.

2. 베트남에서 하시는 일은 무엇인가요?

현재 YMVP(K-move스쿨) 프로그램을 운영, 관리하며 교육 및 취업알선업을 하고 있고, '베트남 디지털 농업협회(VIDA)' 한국 대표부 소속으로 유통 쪽으로 새로운 도전을 준비 중입니다. 베트남 정착 후 약 5년 정도 한국 제조기업(봉제)에서 기획실에 근무하며 생산기획, 품질보증, 사내교육, 데이터분석 등 다양한 경험을 했었고 그 경험과 네트워크를 바탕으로 베트남에서의 장기적인 미래를 준비하고 있습니다.

3. 베트남에 오기를 잘했다고 생각한 경험이 있다면 나누어주세요

이전 회사에서 퇴사를 하던 날, 함께 근무했던 베트남 팀원들이 준비해주었던 파티가 기억이 납니다. 많이 잘해주지 못했다고 생각했었는데... 저 몰래 제 신발사이즈를 확인해서 앞으로 가는 길 잘되라고 예쁜 운동화도 사주고 모든 팀원들이 직접 손으로 작성한 일기장 스타일의 작별편지들은 지금도 제 방 한쪽에 잘 모셔두고 있습니다. 퇴사한 지 3년도 더 된 지금까지도 SNS를 통해 꾸준히 연락을 하고 인사할 때마다 언제나 밝게 받아주고 그 시절이 그립다고 립서비스(?)까지 해주는 그 친구들 덕분에 베트남은 항상 저에게 따뜻한 나라입니다.

4. 베트남 생활 중에 만만치 않았던 경험이 있으시다면 알려주세요!!

베트남이라서 특별히 만만치 않았던 것은 없었던 것 같네요. 그래도 그중에 고르라면 첫 직장 입사 첫해가 생각이 나네요. 기존에 한국어 통역이 팀 내 실세로 군림(?)하고 있었지만 실제 업무 진행에서는 부족한 부분이 많이 있었습니다. 베트남 팀원들이 한국 상사들의 지시사항을 그 통역 분을 통해 진행한 후 보고하면 엄청 지적 받고 수정하며 시간은 딜레이되는 상황이 반복되고 있었습니다. 입사한 지 얼마 되지 않아 열정이 넘치던 저는 그 반복의 고리를 끊고 업무 효율성을 높이기 위해 적극적으로 통역 역할까지 하면서 업무를 진행하였지만 나중에 한국 상사분들께 들은 이야기는 왜 그 통역분과 알력다툼을 하느냐는 어이없는 이야기였습니다. 아직은 입사한 지 얼마 되지 않은 저보다는 더 오랜 시간 근무한 통역 분을 신뢰하고 계셨던 것입니다. 잠시 당황했지만 제 방향이 맞다고 믿고 있던 저는 전략을 바꾸어 조금씩 진행하였고 결국에는 그 통역 분의 역할을 축소시키며 업무프로세스를 개선하였습니다. 이를 통해 어떠한 것의 개선을 위해서는 무조건적인 직진이 아닌 적절한 스킬이 필요하다는 것을 체험할 수 있었습니다.

5. 베트남생활에서 가장 즐겨먹는 음식은 무엇인가요?

껌빈전. 현지 길거리에서 흔히 볼 수 있는 일반가정식 한끼라고 보시면 됩니다. 현재 주로 협업하는 대학교 내에서 점심시간을 보내는 경우가 많아 학식을 가장 많이 먹고 있네요. 현지에 살아도 내가 먼저 찾아 다니지 않으면 생각보다 현지식을 먹을 기회가 많지 않습니다. 기회가 있을 때 많이 드세요!

6. 베트남에서 휴일에는 어떤 활동을 즐기시나요?

축구를 좋아해서 주말에는 웬만하면 동호회 활동으로 풋살을 합니다. 일요일 낮 시간을 활용해서는 좀 더 성장하기 위해 열정 있는 친구들과 함께 비즈니스 모임을 하고 있고요. 그래도 가장 많은 시간을 들이는 것은 침대에 누워있기가 아닌가 싶네요ㅎ

7. 앞으로 올 사람들에게 한 말씀 부탁합니다!

모든 것은 상대적이라고 생각합니다. 저에겐 행복하고 편안한 베트남이 누군가에게는 최악으로 불편하고 진저리 나는 곳일 수 있습니다. 제가 연수생들을 선발할 때도 꼭 해주는 말이 "취업이 목적이라면 오지마라"입니다. 물론 취업을 해서 살다 보니 여기서 머무는 분들도 많이 계시지만 그 보다는 일단 베트남이 좋아야 한다고 생각합니다. 흔히들 베트남을 기회의 땅이라고 합니다. 하지만 그 기회는 나보다 더 성실하고 더 똑똑하고 더 열정적인 베트남 친구들을 만났을 때 나에게 올 수 있다고 생각합니다. 그리고 그런 친구들을 만나기 위해서는 나 역시 그렇게 성장해 있어야 합니다. 함께 성장할 수 있는 분들이 많아지면 좋겠습니다.

1. 자기소개 부탁드립니다

안녕하세요 GYBM 1기를 수료하고, 1기 막내를 맡고 있는 이유성입니다. 2012년 처음 베트남에 와서 현재까지 베트남에서 생활하고 있습니다.

2. 베트남에서 하시는 일은 무엇인가요?

베트남에 와서 특수 장갑 봉제 업체 하이비나 장갑개발실에서 개발 샘플 진행 및 관리를 맡고 있습니다.

3. 베트남에 오기를 잘했다고 생각한 경험이 있다면 나누어주세요

대학교를 졸업하자마자 GYBM을 통해서 처음으로 베트남에 해외연수, 해외취업이라는 새로운 도전을 선택했었습니다. 그때는 베트남이 한국에 많이 알려져 있지 않았었습니다. 그 시기에 아무것도 없는 새로운 길을 간다고 했을 때 주변에서 응원 반 걱정 반이었습니다. 한국에서 안 되니 도피하는 것 아니냐는 이야기도 들었습니다. 그래서인지 연수 때와 처음 회사 가서 적응할 때 더 열심히 하고 했었던 것 같습니다. 전공과 전혀 다른 분야에 가서 기존에 있던 한국 주재원, 베트남 사람들과 함께 업무 파악과 공장 셋업 하면서 전혀 몰랐던 다양한 분야에 대해 일하고 도전하게 되면서 인정도 받고 성장을 하게 되었던 것 같습니다. 이러한 시간들이 지나면서 후배 기수들도 많이 들어오고, 한국에도 베트남 인지도가 높아지는 모습을 보면서 감회가 새롭고 오기를 잘했다고 생각했습니다.

4. 베트남 생활 중에 만만치 않았던 경험이 있으시다면 알려주세요!!

언어와 문화 차이로 인한 어려움이 있습니다. 아무리 한국과 베트남이 문화적으로 유사한 점이 많다고는 하지만 다른 언어, 다른 생활, 환경 차이가 있는 것을 인정하고 생활하셔야 합니다. 직장 생활하면서도 대부분 한국 사람은 베트남 사람들을 관리하는 포지션이 많을 겁니다. 내가 관리하는 부서, 조직 내에 나보다 나이 많은 베트남 사람들도 있을 거고 성격도 다른 사람들도 많을 겁니다. 일단은 서로 다름을 인정하고 직급에 따른 권위보다 동료로 대하면서 모르는 것 물어보고 알려주고 하면서 인정 받고 그 사람들이 따르게 만드는 것이 필요합니다. 업무 능력(기술 및 관리 능력 등)으로 보여주기도 하고, 인간적으로 챙겨주기도 하면서 관계를 잘 만들어 직원들이 믿고 따르게 한다면 일 하는 데 조금 더 수월할 겁니다. 그리고 베트남 직원들에게 일을 시키면 반드시 확인하고 피드백을 주고 하는 습관을 만들 것을 추천합니다. (이런 거까지 확인해야 하나 하는 것들도 확인해야 업무가 잘못되지 않고 문제가 될 소지가 있더라도 빠르게 조치할 수 있습니다.)

5. 베트남 생활에서 가장 즐겨먹는 음식은 무엇인가요?

쌀국수, 반미, 바잉쎄오, 분짜 등이 있습니다. 저는 공장생활을 하면서 점심은 베트남 공인들과 함께 공인 식당에서 베트남식으로 먹고 있어서 주말이나 외출했을 때 별도로 베트남 음식을 챙겨 먹거나 하진 않습니다. 한국에서 친구나 지인들이 방문을 하면 함께 먹을 수 있는 맛있는 베트남 음식들을 대접하기 위해서 몇몇 맛집들을 찾아가서 먹어보거나 알아두곤 합니다.

6. 베트남에서 휴일에는 어떤 활동을 즐기시나요?

휴일에는 주로 운동을 합니다. GYBM 동문회 친구들과 풋살, 개인적으로 AERIAL YOGA, 테니스 등 몸으로 하는 활동들을 합니다. 그리고 기간이 좀 긴 연휴에는 근처 주변 국가나 베트남 내의 다른 도시로 여행을 가곤 합니다.

7. 앞으로 올 사람들에게 한 말씀 부탁합니다!

막연하게 일반적으로 많이 접한 해외 주재원의 모습과 그에 대한 생각은 내려두시고, 내국인이 아닌 외국인으로 오는 것에 대해 준비와 생각을 하시고 오시길 바랍니다. 외국인으로 생활한다는 것이 만만하지 않습니다. (한국에 대해 이미지도 좋고 호감도 많긴 하지만) 한국에서 베트남에 오면 기본적으로 한국에서 편하게 그리고 당연하게 누리고 하는 것들이 당연하지 않고 불편한 것들이 많습니다. 그리고 가장 중요한 건강! 해외에서 생활하면서 건강 관리를 잘 하셔야 하며, 관리를 잘 할 수 있도록 준비하셔야 합니다. 그래도 새로운 시장, 새로운 환경에 도전하고 희망을 품고 오시는 분들이 계시다면 선택하신 것에 응원하며, 넘어올 때 가졌던 마음 가짐, 목표를 잃지 않고 건승하시길 바라겠습니다.

 **저자 인터뷰**

1. 자기소개 부탁드립니다

　안녕하세요. 저자 양난희입니다. 1989년 겨울, 경기도 파주시 금촌동에서 태어나 대한민국에서 초,중,고,대학교를 졸업하였고 베트남에는 2012년 2월, 대우세계경영연구회의 프로그램인 GYBM (Global Young Business Man) 1기 연수생으로 오게 되었습니다. 저는 베트남 전문가라기보다는 직장인이자 사업가이며, 베트남에 온 지도 11년밖에 지나지 않았습니다. 심지어 전공도 베트남어가 아닌 중국어예요. 그렇지만 지금 베트남에 관심을 가지는 다수의 한국인들 역시 저처럼 베트남 비전공자들이 많고, '글로벌/해외/사업'이라는 단어가 왠지 어색한 평범한 청년들이 많습니다. 따라서 평범한 제가 이 곳에 살면서 (정확히는 2016년부터 유독 많이) 받았던 질문들, 그 질문에 스스로 나름대로의 사명감과 책임감을 가지고 정리하고 조사해서 답변했던 내용들을 정리한 것들이 제 지인뿐 아니라 다른 많은 사람들에게 공유되었으면 하는 마음으로, 그리고 열심히 살고 있지만 아직은 앞길이 막막한 우리 청년들이 베트남에 용기 있게 도전장을 내밀고 각자의 열매를 얻어가게 되길 진심으로 바라며 이 책을 쓰게 되었습니다.

2. 베트남에서 하시는 일은 무엇인가요?

2022년부터 현재까지는 하노이에서 복합문화공간을 운영하고 있습니다. 4층짜리 건물에서 각 층을 PHOTOSHOP, DRINKSHOP, WORKSHOP, GIFTSHOP으로 나누어 운영하는데 PHOTOSHOP과 DRINKSHOP은 제가 직접 운영하고 WORKSHOP과 GIFTSHOP은 국적에 상관 없이 창업을 꿈꾸는 분들에게 샌드박스(놀이터)가 되었으면 하는 바람으로 공간을 마련해주고 있습니다.

그 전에는 직장생활을 했는데 첫번째 회사인 코웨이(Coway) 베트남 총판 법인에서 3년을 근무하고 Groz-Beckert라는 독일 회사의 베트남 지사에서 7년을 근무했습니다. Groz-Beckert는 1852년부터 섬유 산업에 필요한 바늘(편직·제직·봉제·펠팅·터프팅용등)을 취급해 온 회사이며, 저는 봉제사업팀에서 한국시장을 담당했습니다. 베트남 내 많은 봉제 공장들이 자사의 바늘을 사용하도록 영업하고, 브랜드 오너(GAP, Adidas, Coach, Columbia 등)에게 기술 자문을 하기도 합니다. 베트남 취업을 원하는 많은 분들이 베트남에 진출한 한국기업 위주로 구직활동을 하는데, 역으로 베트남 로컬기업 혹은 외국계기업에서 한국/아시아 시장 담당자가 되는 것도 생각해보시면 좋을 것 같아요.

3. 베트남에 오기를 잘했다고 생각한 경험이 있다면 나누어주세요

베트남 열풍이 한참인 지금, 많은 사람들이 저에게 "일찌감치 베트남에 가서 잘 자리 잡으셨네요 부러워요.", "선견지명이 있으셨네요.", "그때 어떻게 베트남을 선택하셨어요?" 라며 치켜세워줄 때 뿌듯하면서 베트남에 오기를 참 잘했다고 생각합니다. 그렇지만 정말 제가 미래를 알고 베트남에 왔을까요? 네이버에 '베트남'을 검색하면 월남전에 관련된 이야기와 쌀국수 체인점밖에 나오지 않던 2012년에 고작 24살이었던 저에게 그런 선견지명이 있었다고 생각해준다면 몹시 감사하겠지만 사실이 아닙니다. 제가 막 베트남에 왔을 때에는 지금처럼 인프라나 서비스산업이 잘 되어 있지 않았기 때문에 생활에 불편한 점도 많았습니다. 이런 어려움 때문에 포기하고 한국에 돌아가는 사람들도 많았고요. 20대 청년이 베트남에서 잘 정착한 사례도 선배도 거의 없었기 때문에 외롭고 내 선택이 의심되고 미래가 불안했던 것도 사실이지만 당시 함께 있던 친구들 덕분에 잘 생활하고 버틸 수 있었습니다. 하루가 다르게 빠르게 변하는 베트남의 모습에서 재미를 느끼기도 했고, 막연하지만 이 안에서 내가 어떤 기회를 잡을 수도 있겠다라는 기대감도 있었고 또 이왕 힘든 시절 겪었는데 이제 와서 돌아가기는 아깝다라는 오기도 있었고요. 그러다 보니 어느 순간부터 한국 TV에 베트남이 자주 노출되고, 한국-베트남 항공편이 많아지고, 각종 관광상품이 생기며 베트남 열풍이 부는 시점까지 제가 이 곳에 있게 된 거에요.

4. 베트남 생활 중에 만만치 않았던 경험이 있으시다면 알려주세요!!

엄지손가락만한 바퀴벌레가 집에서 나왔을 때, 체감온도 40도인 한여름에 정전되었을 때, 인터넷뱅킹이 도입되지 않아(2013년도) 연차 쓰고 은행가서 집주인에게 집세를 송금했는데 송금이 일주일 걸렸을 때, 베트남 직원이 회사 제품 빼돌려서 팔았을 때, 코로나19 때문에 병원에 입원했을 때 (검사 결과 나올 때까지 이틀만 병원에서 있으면 된다고 해서 짐도 많이 안 챙겨 갔는데 정부 방침이 시시로 달라져 결국 6일 후에 퇴원할 수 있었어요), 지방에 있는 현지 음식점에서 오리 혀 튀김, 염소 피 푸딩 등 먹기 힘든 음식이 나왔을 때.

5. 베트남 생활에서 가장 즐겨먹는 음식은 무엇인가요?

바잉꾸온(bánh cuốn), 퍼꾸온(Phở cuốn), 고이꾸온(gỏi cuốn) 등 라이스페이퍼에 각종 재료를 넣어 말아먹는 형태의 음식을 좋아합니다. 스프링롤, 월남쌈으로 통칭하여 부르지만 꽤 다양한 형태가 있어 골라먹는 재미가 있습니다. 참고로 꾸온cuốn은 둘둘 말다라는 뜻입니다.

6. 베트남에서 휴일에는 어떤 활동을 즐기시나요?

여행을 좋아해서 공휴일에는 미얀마, 라오스, 캄보디아, 태국, 싱가폴, 대만, 말레이시아 등 베트남과 가까운 위치의 다른 나라들을 여행합니다. 비슷한 듯 다른 동남아 나라들을 다니며 역사를 알아보는 것도 재밌고 무엇보다 동남아 음식을 좋아해서 먹으러 가요.

7. 앞으로 올 사람들에게 한 말씀 부탁합니다!

취업, 창업, 유학 등 본인이 베트남을 선택해서 오는 경우라면 오기 전에 혹은 와서 투자할 수 있는 최대한의 시간을 내어 베트남어 공부를 미리 하셨으면 좋겠어요. 언어가 상당히 중요합니다. 직장에서 파견되어 나오게 되거나, 가족 때문에 오게 되는 경우 베트남 생활이 답답하고 짜증날 수도 있지만 베트남 생활을 즐기고 이 나라를 사랑하려고 노력하셨으면 좋겠습니다. 베트남 내 한국 교민의 수가 많아지고 한인타운이 넓어지면서 어글리코리안 또한 늘고 있습니다. 남의 나라에 왔으니 눈칫밥 먹으라는 얘기가 아니라, 이들의 문화를 이해하고 베트남 사람들과 좋은 관계를 맺으면서 생활하는 것이 결국 본인의 생활에 안정감을 더하고 행복하고 즐거운 일이 많이 생기는 일이 되는 것 같습니다. 저의 경우 언어를 아는 것이 베트남 사람들을 이해하는 데 아주 큰 도움이 되었습니다.

위기 그리고 기회

두 단어는 가장 반대되는 단어이지만 위기(危機)의 기(機)와 기회(機會)의 기(機)는 같은 한자를 쓰지요.

누군가는 위기를 살려서 기회로 삼고 누군가는 위기로 침체되는 상황을 겪습니다.

한국의 청년실업률은 날이 갈수록 높아질 것입니다.

앞으로 어떤 미래가 다가오게 될지는 아무도 모르지만, 그렇기 때문에 더욱더 누구보다 앞선 미래를 준비하고 기대해야 하겠지요.

단순히 해외로 나가는 것만으로는 답이 될 수는 없겠지만, 철저한 준비와 인생의 계획을 갖고 있다면 좋은 미래를 만들어갈 수 있을 것입니다.

저희 두 저자가 일본과 베트남이라는 다른 나라에서 살면서도 함께 공감할 수 있는 것은 한국을 벗어나 해외에서 생활하면서 단순히 '한국과 다른 나라'를 보는 것이 아니라 '한국을 바탕으로 더 넓은 세상을 바라보는 눈'을 갖게 되었기 때문입니다.

분명히 여러분들의 미래에도 더 넓은 세상을 바라보는 눈과 그 경험을 쌓게 되겠지요.

그렇게 마주하게 되는 당신의 미래가 찬란하게 빛나길 바랍니다.

당신의 베트남이 안녕하기를…

해외 창업 취업에 도전하는 한국의 청년들이 묻고 베트남 베테랑 선배가 답하다

쌀국수 한그릇 하러 갈까요?

초판발행	2023년 11월 15일
지은이	양난희·박민규
펴낸이	노 현
편 집	문선미
디자인	BEN STORY
제 작	고철민·조영환
펴낸곳	(주) 피와이메이트
	서울특별시 금천구 가산디지털2로 53, 210호(가산동, 한라시그마밸리)
	등록 2014. 2. 12. 제2018-000080호
전 화	02)733-6771
fax	02)736-4818
e-mail	pys@pybook.co.kr
homepage	www.pybook.co.kr
ISBN	979-11-6519-049-1 03320

copyright©양난희·박민규, 2023, Printed in Korea

*파본은 구입하신 곳에서 교환해 드립니다. 본서의 무단복제행위를 금합니다.

정 가 16,800원

박영스토리는 박영사와 함께하는 브랜드입니다.

저자 소개

양난희

2012년, 네이버 검색창에 '베트남'을 검색하면 동네 베트남 음식점에 대한 정보만 나오던 시절에 낯선 나라에서 맨몸으로 부딪히며 겪었던 경험과 그동안 축적해온 노하우들을 나누고 싶습니다.
저는 베트남에서 베트남어도 배워보았고, 베트남 동료들과 부대끼며 직장 생활도 해보았고, 창업도 해서 현재 하잉푹 컴퍼니를 운영하고 있습니다.
그동안 베트남에 대해 들었던 질문들과 그에 대한 저의 답변을 정리하여 쓴 이 책이 베트남에서 새로운 생활을 시작하게 되었거나, 기회의 땅에서 도전을 꿈꾸는 여러분에게 도움이 되면 좋겠습니다.
마음속에 걱정, 고민, 계획들을 잠시 접어두고 일단 먼저, 쌀국수 한그릇 하러 오세요!
이메일 : ynh0119@gmail.com

박민규

교토대학교 생명과학과를 졸업하고 물리강사 겸 공장자동화, 온라인 스트리밍 시스템 등을 개발하는 주식회사 타이니피아 대표이사로 있습니다. 베트남으로 사업을 확장하기 위해 준비하면서 저 자신을 이해시키기 위해 준비한 자료를 양난희 저자와 함께 정리하여 이 책을 출간하게 되었습니다. 주요 저서로는 『처음 시작하는 카페 창업 쉽게 배우기』, 『알고리즘 물리학』 등이 있습니다.
인스타그램 계정 : @minq_qnim